JN092653

英検® 準2級

英検®は、公益財団法人
日本英語検定協会の登録商標です。

厳選過去問 10日間完成

毎日ミニ模試

トフルゼミナール講師 山田広之 [監修]

テイエス企画

はじめに

過去問を使った実戦的な演習をしたいけれど、同時に解き方のコツも整理しておきたい。本書は、そのような学習者に最適な 1 冊です。

試験対策として、ある程度の量の過去問にあたることは大切ですが、やみくもに問題を解き、答え合わせをすることの繰り返しだけでは合格への力はなかなかつきません。

本書では、まずは冒頭の「英検準 2 級 早わかりガイド」で英検の概要を押さえ、次に過去問のエッセンスを抽出した例題で、全問題形式の解き方のコツを習得します。その上で、続く「ミニ模試」で、「早わかりガイド」で学んだ解き方に習熟していきます。「ミニ模試」は、1 日の学習として適度な分量に各問題形式をバランス良く配分してありますので、1 回分をこなすごとに一歩ずつ確実に合格に近づくことができます。

さらに、巻末には各 DAY の読解問題で登場した頻出の英単語をまとめてありますので、問題をやりっぱなしにしないための効果的な復習ツールとして、また使い勝手の良い頻出英単語リストとして、試験本番までに繰り返し活用してください。

全 10 回の「ミニ模試」のうち、6 回を筆記試験とリスニングに、3 回を英作文に、1 回を二次試験の対策に充てていますので、試験日までの期間に合わせ、優先的に取り組む回を選択していただくと良いでしょう。得意な分野をさらに得点源にするのも良いでしょうし、弱点を集中的に強化するのも良いと思います。

本書が、皆さんの目標達成の一助となることを願っています。

2021 年 3 月　監修者 山田広之

目次

毎日ミニ模試
英検準２級

本書の構成と取り組み方

本書は、毎日短時間・短期間の学習で英検準 2 級に合格する力をつけるために、以下の 5 つのセクションから構成されています。各セクションの取り組み方を良く理解した上で学習を進めてください。

1 英検準 2 級 早わかりガイド
2 ミニ模試（筆記試験・リスニングテスト）
3 ミニ模試（英作文）
4 ミニ模試（二次試験）
5 英検準 2 級 でる単語リスト 340

1 英検準 2 級 早わかりガイド

英検とはどんな試験なのか？ 試験の全体像をとらえ、例題への取り組みを通して各設問形式について解き方のコツをつかみます。

■ 試験の概要

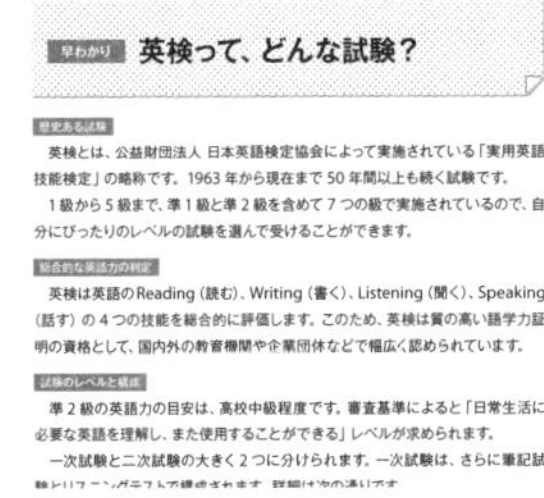

早わかり 英検って、どんな試験？

歴史ある試験

英検とは、公益財団法人 日本英語検定協会によって実施されている「実用英語技能検定」の略称です。1963 年から現在まで 50 年間以上も続く試験です。

1 級から 5 級まで、準 1 級と準 2 級を含めて 7 つの級で実施されているので、自分にぴったりのレベルの試験を選んで受けることができます。

総合的な英語力の判定

英検は英語の Reading（読む）、Writing（書く）、Listening（聞く）、Speaking（話す）の 4 つの技能を総合的に評価します。このため、英検は質の高い語学力証明の資格として、国内外の教育機関や企業団体などで幅広く認められています。

試験のレベルと構成

準 2 級の英語力の目安は、高校中級程度です。審査基準によると「日常生活に必要な英語を理解し、また使用することができる」レベルが求められます。

一次試験と二次試験の大きく 2 つに分けられます。一次試験は、さらに筆記試

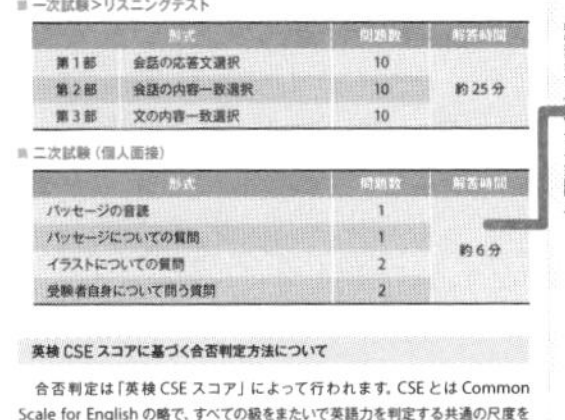

■ 一次試験＞リスニングテスト

形式		問題数	解答時間
第 1 部	会話の応答文選択	10	約 25 分
第 2 部	会話の内容一致選択	10	
第 3 部	文の内容一致選択	10	

■ 二次試験（個人面接）

形式	問題数	解答時間
パッセージの音読	1	約 6 分
パッセージについての質問	1	
イラストについての質問	2	
受験者自身について問う質問	2	

英検 CSE スコアに基づく合否判定方法について

合否判定は「英検 CSE スコア」によって行われます。CSE とは Common Scale for English の略で、すべての級をまたいで英語力を判定する共通の尺度を意味します。CSE スコアは、素点をもとに統計的な手法を使って算出されます。そのため、回ごとに多少の難易度の違いが生じても、その影響を受けずに正確に英

まずは、科目構成や問題数、解答時間、スコアと合否の判定方法について把握しておきましょう。

■ 例題と解き方のコツ

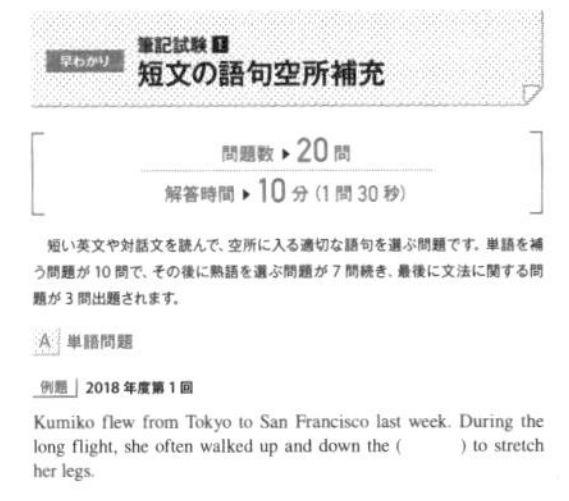

早わかり 筆記試験 1
短文の語句空所補充

問題数 ▸ 20 問
解答時間 ▸ 10 分（1 問 30 秒）

短い英文や対話文を読んで、空所に入る適切な語句を選ぶ問題です。単語を補う問題が 10 問で、その後に熟語を選ぶ問題が 7 問続き、最後に文法に関する問題が 3 問出題されます。

A 単語問題

例題 | 2018 年度第 1 回

Kumiko flew from Tokyo to San Francisco last week. During the long flight, she often walked up and down the (　　　) to stretch her legs.

B 熟語問題

例題 | 2018 年度第 2 回

Martin had planned to travel to India next summer, but his friend (　　　) that the weather would be nicer in spring. Martin decided to go there in March instead.

1 pointed out　2 lined up　3 cut off　4 ran across

POINT 句動詞を積極的に覚えよう！

動詞＋副詞や動詞＋前置詞で 1 つの動詞の働きをする語句のことを区動詞と言います。特に go、come、take、bring、have、do などの基本動詞と組み合わせたものがよく出題されます。第 1 文の前半でマーティンが旅行するつもりだったのは next summer（来年の夏）だとあるのに、第 2 文で行くのは March（3 月）にしたとあります。友だちの動作が空所になっていますが、the weather would be nicer in spring（春の方が天気が良いだろう）と「言った」や「教えた」に近い意味の表現が入ると推測できます。1 pointed out が正解です。もしも選択肢の区動詞に馴染みがない場合は、動詞や副詞の元の意味から正解を絞り込みましょう。

筆記試験、リスニングテスト、英作文、二次試験について、過去問から典型的な問題を取り上げています。解き方のコツを習得してください。

2 ミニ模試（筆記試験・リスニングテスト） DAY 1, DAY 2, DAY 4, DAY 5, DAY 7, DAY 8

「早わかりガイド」の例題でマスターした解き方に沿って、過去問演習で合格への実力を養成します。短時間でこなせるミニ模試方式ですので、試験日までの期間に合わせ、優先的に取り組む回を選択して自分に合った学習メニューを作ると良いでしょう。

■ 筆記試験・問題

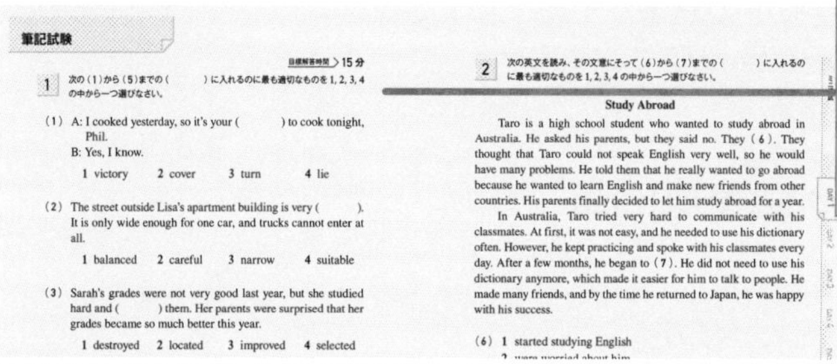

筆記試験

目標解答時間 ＞15分

1 次の(1)から(5)までの（　　）に入れるのに最も適切なものを1, 2, 3, 4の中から一つ選びなさい。

(1) A: I cooked yesterday, so it's your (　　) to cook tonight, Phil.
B: Yes, I know.
1 victory　2 cover　3 turn　4 lie

(2) The street outside Lisa's apartment building is very (　　). It is only wide enough for one car, and trucks cannot enter at all.
1 balanced　2 careful　3 narrow　4 suitable

(3) Sarah's grades were not very good last year, but she studied hard and (　　) them. Her parents were surprised that her grades became so much better this year.
1 destroyed　2 located　3 improved　4 selected

2 次の英文を読み、その文意にそって(6)から(7)までの（　　）に入れるのに最も適切なものを1, 2, 3, 4の中から一つ選びなさい。

Study Abroad

Taro is a high school student who wanted to study abroad in Australia. He asked his parents, but they said no. They (6). They thought that Taro could not speak English very well, so he would have many problems. He told them that he really wanted to go abroad because he wanted to learn English and make new friends from other countries. His parents finally decided to let him study abroad for a year.

In Australia, Taro tried very hard to communicate with his classmates. At first, it was not easy, and he needed to use his dictionary often. However, he kept practicing and spoke with his classmates every day. After a few months, he began to (7). He did not need to use his dictionary anymore, which made it easier for him to talk to people. He made many friends, and by the time he returned to Japan, he was happy with his success.

(6) 1 started studying English

筆記試験の演習です。「目標解答時間」を設定してありますので、時間を計って取り組みましょう。

■ リスニングテスト・問題

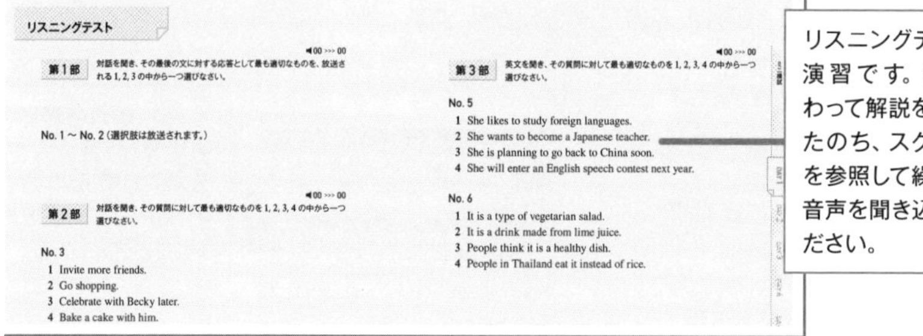

リスニングテスト

第1部 対話を聞き、その最後の文に対する応答として最も適切なものを、放送される1, 2, 3の中から一つ選びなさい。

No. 1 ～ No. 2（選択肢は放送されます。）

第2部 対話を聞き、その質問に対して最も適切なものを1, 2, 3, 4の中から一つ選びなさい。

No. 3
1 Invite more friends.
2 Go shopping.
3 Celebrate with Becky later.
4 Bake a cake with him.

第3部 英文を聞き、その質問に対して最も適切なものを1, 2, 3, 4の中から一つ選びなさい。

No. 5
1 She likes to study foreign languages.
2 She wants to become a Japanese teacher.
3 She is planning to go back to China soon.
4 She will enter an English speech contest next year.

No. 6
1 It is a type of vegetarian salad.
2 It is a drink made from lime juice.
3 People think it is a healthy dish.
4 People in Thailand eat it instead of rice.

リスニングテストの演習です。解き終わって解説を確認したのち、スクリプトを参照して繰り返し音声を聞き込んでください。

■ 解答・解説

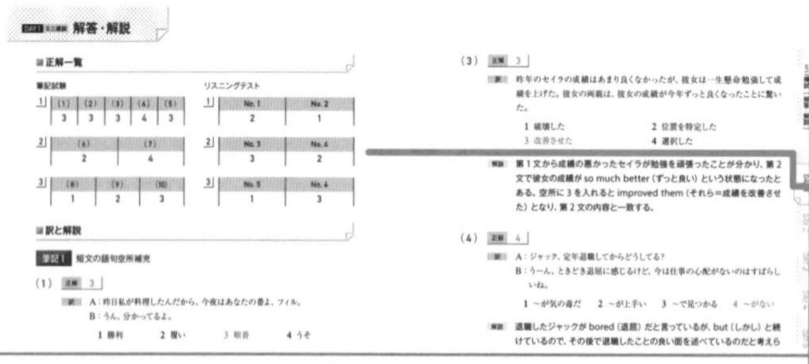

DAY 1 ミニ模試 解答・解説

正解一覧

筆記試験

1	(1)	(2)	(3)	(4)	(5)
	3	3	3	4	3

2	(6)	(7)
	2	4

3	(8)	(9)	(10)
	1	2	3

リスニングテスト

1	No. 1	No. 2
	2	1

2	No. 3	No. 4
	3	2

3	No. 5	No. 6
	1	3

訳と解説

筆記1 短文の語句空所補充

(1) 正解 3

訳 A：昨日私が料理したんだから、今夜はあなたの番よ、フィル。
B：うん、分かってるよ。
1 勝利　2 覆い　3 順番　4 うそ

(3) 正解 3

訳 昨年のセイラの成績はあまり良くなかったが、彼女は一生懸命勉強して成績を上げた。彼女の両親は、彼女の成績が今年ずっと良くなったことに驚いた。
1 破壊した　2 位置を特定した
3 改善させた　4 選択した

解説 第1文から成績の悪かったセイラが勉強を頑張ったことが分かり、第2文で彼女の成績がso much better（ずっと良い）という状態になったとある。空所に3を入れるとimproved them（それら＝成績を改善させた）となり、第2文の内容と一致する。

(4) 正解 4

訳 A：ジャック、定年退職してからどうしてる？
B：うーん、ときどき退屈に感じるけど、今は仕事の心配がないのはすばらしいね。
1 ～が気の毒だ　2 ～が上手い　3 ～で見つかる　4 ～がない

解説 退職したジャックがbored（退屈）だと言っているが、but（しかし）と続けているので、その後で退職したことの良い面を述べているのだと考えら

まずは「正解一覧」で答え合わせをします。合格に必要とされる正解率6割をめざしましょう。次に解説を確認し、「早わかりガイド」で学んだ解き方のコツを反復して自分のものとしてください。

3 ミニ模試（英作文） DAY 3, DAY 6, DAY 9

英作文の勉強は一人ではやりにくいと言われますが、まずは一人でやれることをしっかりやりきることが大切です。「書く」という観点から文法・語法を学び直し、使える表現を増やし、答案の「型」を身につけましょう。そのためのトレーニングとなっています。

■ 英作文・問題

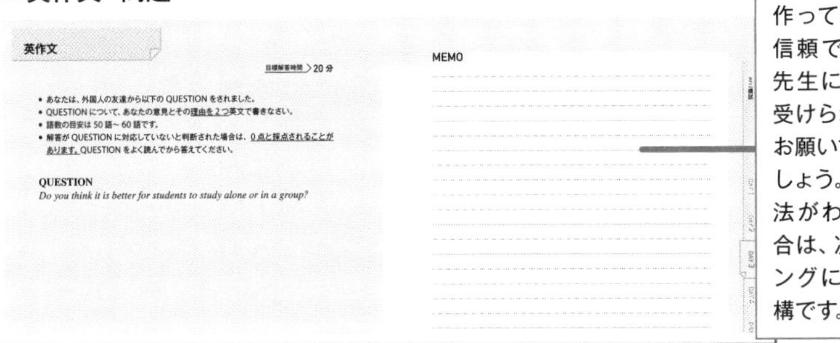

英作文

目標解答時間 ＞20 分

- あなたは、外国人の友達から以下の QUESTION をされました。
- QUESTION について、あなたの意見とその理由を２つ英文で書きなさい。
- 語数の目安は 50 語～ 60 語です。
- 解答が QUESTION に対応していないと判断された場合は、0 点と採点されることがあります。QUESTION をよく読んでから答えてください。

QUESTION
Do you think it is better for students to study alone or in a group?

MEMO

自分なりの解答を作ってみましょう。信頼できる英語の先生に添削指導が受けられる場合は、お願いすると良いでしょう。答案作成方法がわからない場合は、次のトレーニングに進んでも結構です。

■ 英作文上達トレーニング［トレーニング 1］

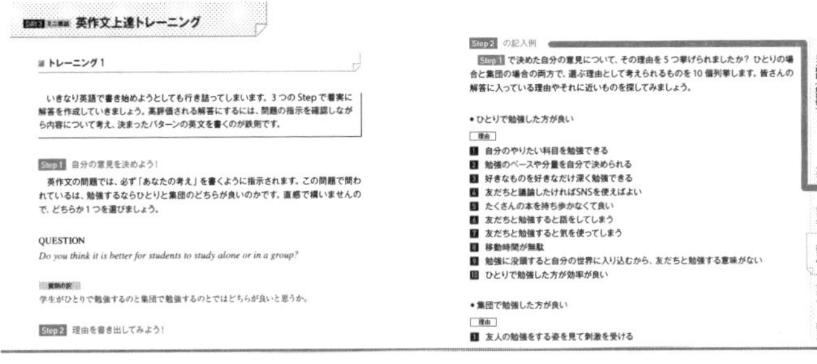

DAY 3 ミニ模試 英作文上達トレーニング

■ トレーニング 1

いきなり英語で書き始めようとしても行き詰ってしまいます。3 つの Step で着実に解答を作成していきましょう。高評価される解答にするには、問題の指示を確認しながら内容について考え、決まったパターンの英文を書くのが鉄則です。

Step 1 自分の意見を決めよう！

英作文の問題では、必ず「あなたの考え」を書くように指示されます。この問題で問われているは、勉強するならひとりと集団のどちらが良いのかです。直感で構いませんので、どちらか 1 つを選びましょう。

QUESTION
Do you think it is better for students to study alone or in a group?

質問の訳
学生がひとりで勉強するのと集団で勉強するのとではどちらが良いと思うか。

Step 2 理由を書き出してみよう！

Step 2 の記入例

Step 1 で決めた自分の意見について、その理由を 5 つ挙げられましたか？ ひとりの場合と集団の場合の両方で、選ぶ理由として考えられるものを 10 個列挙します。皆さんの解答に入っている理由やそれに近いものを探してみましょう。

• ひとりで勉強した方が良い

理由

1 自分のやりたい科目を勉強できる
2 勉強のペースや分量を自分で決められる
3 好きなものを好きなだけ深く勉強できる
4 友だちと議論したければSNSを使えばよい
5 たくさんの本を持ち歩かなくて良い
6 友だちと勉強すると話をしてしまう
7 友だちと勉強すると気を使ってしまう
8 移動時間が無駄
9 勉強に没頭すると自分の世界に入り込むから、友だちと勉強する意味がない
10 ひとりで勉強した方が効率が良い

• 集団で勉強した方が良い

理由

1 友人の勉強をする姿を見て刺激を受ける

英作文問題は、
・意見を決める
↓
・理由を書き出す
↓
・解答をまとめる
の流れで進めます。この 3 つの Step に従ってパターン通りの解答を作ることが高得点をとるヒケツです。

■ 英作文上達トレーニング［トレーニング 2］

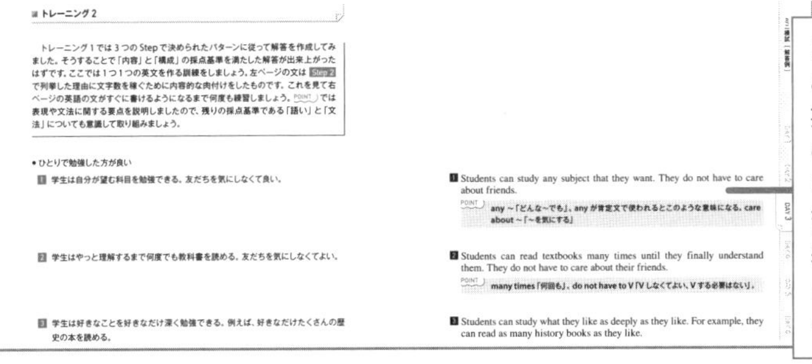

■ トレーニング 2

トレーニング 1 では 3 つの Step で決められたパターンに従って解答を作成してみました。そうすることで「内容」と「構成」の採点基準を満たした解答が出来上がったはずです。ここでは 1 つ 1 つの英文を作る訓練をしましょう。左ページの文は Step 2 で列挙した理由に文字数を稼ぐために内容的な肉付けをしたものです。これを見て右ページの英語の文がすぐに書けるようになるまで何度も練習しましょう。POINT では表現や文法に関する要点を説明しましたので、残りの採点基準である「語い」と「文法」についても意識して取り組みましょう。

• ひとりで勉強した方が良い

1 学生は自分が望む科目を勉強できる。友だちを気にしなくて良い。

2 学生はやっと理解するまで何度でも教科書を読める。友だちを気にしなくてよい。

3 学生は好きなことを好きなだけ深く勉強できる。例えば、好きなだけたくさんの歴史の本を読める。

1 Students can study any subject that they want. They do not have to care about friends.

POINT any ～「どんな～でも」。any が肯定文で使われるとこのような意味になる。care about ～「～を気にする」

2 Students can read textbooks many times until they finally understand them. They do not have to care about their friends.

POINT many times「何回も」。do not have to V「V しなくてよい、V する必要はない」。

3 Students can study what they like as deeply as they like. For example, they can read as many history books as they like.

自分で解答を作ってみたら、日本語から英語の模範解答への変換が素早くできるようになるまで練習します。使われる表現と文法を意識しながら取り組んでください。

4 ミニ模試（二次試験） DAY 10

二次試験は面接方式で、文章の音読の後に5つの質問に答えます。音読も質問に対する応答も、ネイティブによる模範的な解答例をよく聞いて真似することで、一人でも十分な練習が可能です。

■ 二次試験・問題

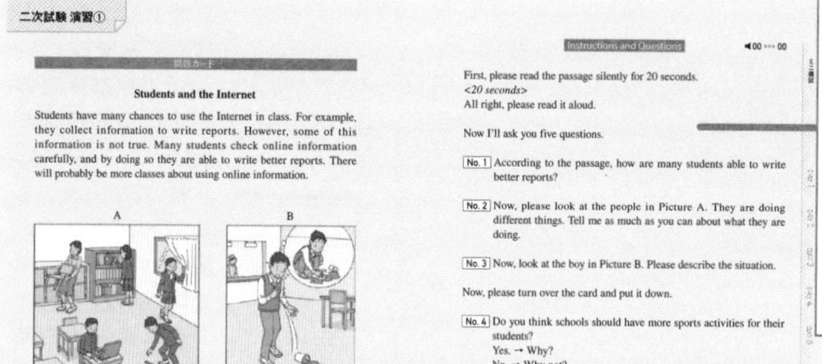

二次試験 演習①

問題カード

Students and the Internet

Students have many chances to use the Internet in class. For example, they collect information to write reports. However, some of this information is not true. Many students check online information carefully, and by doing so they are able to write better reports. There will probably be more classes about using online information.

A B

Instructions and Questions ◀00 ››› 00

First, please read the passage silently for 20 seconds.
<20 seconds>
All right, please read it aloud.

Now I'll ask you five questions.

No. 1 According to the passage, how are many students able to write better reports?

No. 2 Now, please look at the people in Picture A. They are doing different things. Tell me as much as you can about what they are doing.

No. 3 Now, look at the boy in Picture B. Please describe the situation.

Now, please turn over the card and put it down.

No. 4 Do you think schools should have more sports activities for their students?
Yes. → Why?
No. → Why not?

自分なりの解答を作ってみましょう。信頼できる英語の先生に面接指導が受けられる場合は、お願いすると良いでしょう。解答はスマートフォンのボイスメモ機能などを使って録音しておきましょう。

■ 解答例・音読練習／質疑応答の例

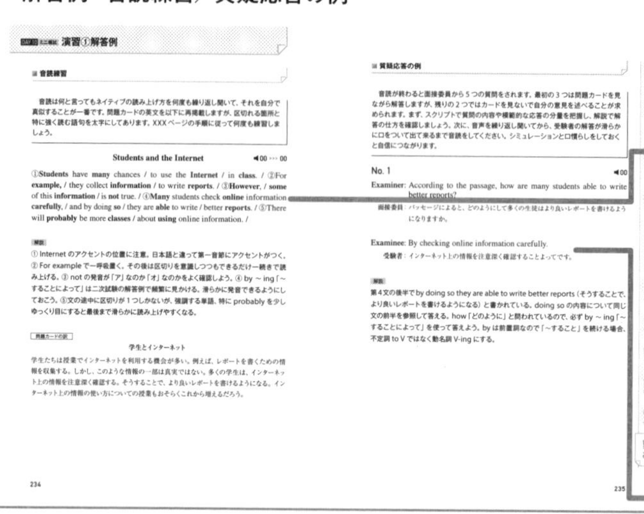

DAY 10 ミニ模試 演習①解答例

■ 音読練習

音読は何と言ってもネイティブの読み上げ方を何度も繰り返し聞いて、それを自分で真似することが一番です。問題カードの英文を以下に再掲載しますが、区切れる箇所と特に強く読む語句を太字にしてあります。XXX ページの手順に従って何度も練習しましょう。

Students and the Internet ◀00 ››› 00

①**Students** have **many** chances / to use the **Internet** / in **class**. / ②For **example,** / they collect **information** / to write **reports**. / ③**However**, / **some** of this **information** / is **not** true. / ④**Many** students check **online** information **carefully**, / and by doing **so** / they are **able** to write / better **reports**. / ⑤There will **probably** be more **classes** / about **using** online information. /

解説

① Internet のアクセントの位置に注意。日本語と違って第一音節にアクセントがつく。② For example で一呼吸置く。その後は区切りを意識しつつもできるだけ一続きで読み上げる。③ not の発音が「ア」なのか「オ」なのかをよく確認しよう。④ by ～ ing「～することによって」は二次試験の解答例で頻繁に見かける。滑らかに発音できるようにしておこう。⑤文の途中に区切りが1つしかないが、強調する単語、特に probably を少しゆっくり目にすると最後まで滑らかに読み上げやすくなる。

問題カードの訳

学生とインターネット

学生たちは授業でインターネットを利用する機会が多い。例えば、レポートを書くための情報を収集する。しかし、このような情報の一部は真実ではない。多くの学生は、インターネット上の情報を注意深く確認する。そうすることで、より良いレポートを書けるようになる。インターネット上の情報の使い方についての授業もおそらくこれから増えるだろう。

234

■ 質疑応答の例

音読が終わると面接委員から5つの質問をされます。最初の3つは問題カードを見ながら解答しますが、残りの2つではカードを見ないで自分の意見を述べることが求められます。まず、スクリプトで質問の内容や模範的な応答の分量を把握し、解説で解答の仕方を確認しましょう。次に、音声を繰り返し聞いてから、受験者の解答が滑らかに口をついて出て来るまで音読をしてください。シミュレーションと口慣らしをしておくと自信につながります。

No. 1 ◀00

Examiner: According to the passage, how are many students able to write better reports?
面接委員：パッセージによると、どのようにして多くの生徒はより良いレポートを書けるようになりますか。

Examinee: By checking online information carefully.
受験者：インターネット上の情報を注意深く確認することよってです。

解説

第4文の後半で by doing so they are able to write better reports（そうすることで、より良いレポートを書けるようになる）と書かれている。doing so の内容について同じ文の前半を参照して答える。how「どのように」と問われているので、必ず by ～ ing「～することによって」を使って答えよう。by は前置詞なので「～すること」を続ける場合、不定詞 to V ではなく動名詞 V-ing にする。

235

音読は英文の流れやリズムを意識しながら練習することが重要です。文の途中の区切りの位置と音の強弱を注意深く確認しながら、解答例の音声を繰り返し聞き、音読することが独習で上達するヒケツです。

質疑応答の例と解説を読んで、質問の内容と答え方を確認しましょう。次に音声を聞いて真似しながら受験者の解答例を音読しましょう。シミュレーションと口慣らしが本試験の準備になります。

5 英検®準 2 級 でる単語リスト 340

英語は、最後は単語力がものをいう、と言われます。単語集を使って一気に多くの単語を覚えることも有益ですが、日頃の学習の中で出会った単語を確実に覚えていくことが最も大切です。このコーナーでは、ミニ模試の読解問題に登場した頻出単語約 340 語を、各 DAY の各問題、各パラグラフごとにまとめてありますので、総仕上げとして取り組んでください。

■ 英検準 2 級 でる単語リスト 340

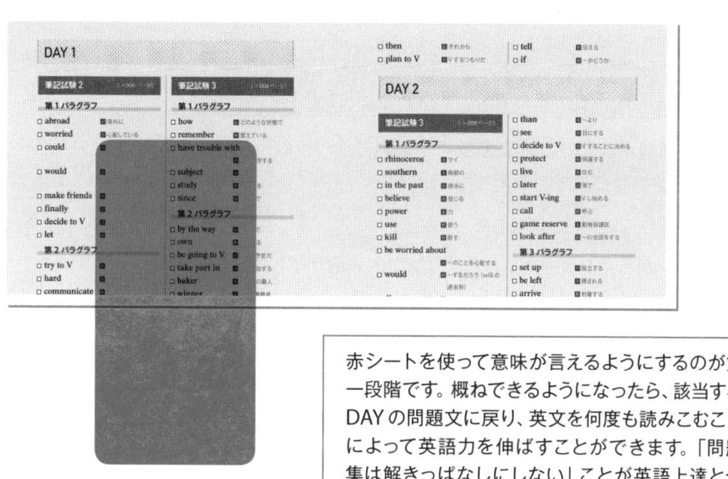

赤シートを使って意味が言えるようにするのが第一段階です。概ねできるようになったら、該当する DAY の問題文に戻り、英文を何度も読みこむことによって英語力を伸ばすことができます。「問題集は解きっぱなしにしない」ことが英語上達と合格への王道です。

〈出典〉本書は以下の英検準 2 級過去問題を使用して制作されています。
2018 年第 1 回、第 2 回、第 3 回、2019 年第 1 回

音声ダウンロードについて

本書に掲載されている英文の音声が無料でダウンロードできますので、下記の手順にてご活用ください。

■ パソコンにダウンロードする

① パソコンからインターネットでダウンロード用サイトにアクセスする

下記のURLを入力してサイトにアクセスしてください。

https://tofl.jp/books/2571

② 音声ファイルをダウンロードする

サイトの説明に沿って音声ファイル（MP3形式）をダウンロードしてください。

※スマートフォンにダウンロードして再生することはできませんのでご注意ください。

■ 音声を再生する

① 音声ファイルをパソコンの再生用ソフトに取り込む

ダウンロードした音声をiTunesなどの再生用ソフトに取り込んでください。

② 音声を再生する

パソコン上で音声を再生する場合は、iTunesなどの再生ソフトをお使いください。iPhoneなどのスマートフォンや携帯用の音楽プレーヤーで再生する場合は、各機器をパソコンに接続し、音声ファイルを転送してください。

※各機器の使用方法につきましては、各メーカーの説明書をご参照ください。

英検準２級
早わかりガイド

早わかり 英検って、どんな試験？

歴史ある試験

英検とは、公益財団法人 日本英語検定協会によって実施されている「実用英語技能検定」の略称です。1963 年から現在まで 50 年間以上も続く試験です。

1 級から 5 級まで、準 1 級と準 2 級を含めて 7 つの級で実施されているので、自分にぴったりのレベルの試験を選んで受けることができます。

総合的な英語力の判定

英検は英語の Reading（読む）、Writing（書く）、Listening（聞く）、Speaking（話す）の 4 つの技能を総合的に評価します。このため、英検は質の高い語学力証明の資格として、国内外の教育機関や企業団体などで幅広く認められています。

試験のレベルと構成

準 2 級の英語力の目安は、高校中級程度です。審査基準によると「日常生活に必要な英語を理解し、また使用することができる」レベルが求められます。

一次試験と二次試験の大きく 2 つに分けられます。一次試験は、さらに筆記試験とリスニングテストで構成されます。詳細は次の通りです。

■ 一次試験＞筆記試験

形式		問題数	解答時間
大問 1	短文の語句空所補充	20	75 分
大問 2	会話文の文空所補充	5	
大問 3	長文の語句空所補充	5	
大問 4	長文の内容一致選択	7	
大問 5	英作文	1	

一次試験＞リスニングテスト

形式		問題数	解答時間
第1部	会話の応答文選択	10	約25分
第2部	会話の内容一致選択	10	
第3部	文の内容一致選択	10	

二次試験（個人面接）

形式	問題数	解答時間
パッセージの音読	1	約6分
パッセージについての質問	1	
イラストについての質問	2	
受験者自身について問う質問	2	

英検CSEスコアに基づく合否判定方法について

合否判定は「英検CSEスコア」によって行われます。CSEとはCommon Scale for Englishの略で、すべての級をまたいで英語力を判定する共通の尺度を意味します。CSEスコアは、素点をもとに統計的な手法を使って算出されます。そのため、回ごとに多少の難易度の違いが生じても、その影響を受けずに正確に英語力を測ることができるようになっています。

配点と合格基準スコア

CSEスコアは各技能の満点と、一次試験、二次試験の合格基準スコアが級ごとに設定されています。素点は技能別に満点が異なりますが、CSEでは全技能均等にスコアが割り振られます。準2級の素点とCSEスコアは以下の通りです。

試験形式	技能	満点（素点）	満点（CSE）	CSE合格基準
一次試験（筆記1～3）	Reading	37	600	1322
一次試験（筆記4）	Writing	16	600	
一次試験（リスニング）	Listening	30	600	
二次試験（面接）	Speaking	33	600	406

合格に必要な得点率

上記の CSE 合格基準をクリアするためには、各技能ともに素点で 6 割以上の得点を目指すのが理想です。苦手な技能がある場合でも 4 割は確保するようにしましょう。それ以下ですと、1 点落とすごとに CSE スコアが落ちる率が高くなるためです。逆に満点に近いと 1 点取るごとに CSE スコアの上昇率は高くなりますので、得意な技能があれば積極的に 9 割以上を目指しましょう。

国際標準規格 CEFR との対応関係

CEFR とは Common European Framework of Reference for Languages の略で、語学のコミュニケーション能力のレベルを示す国際標準規格です。英検以外にも TOEFL (Test of English as a Foreign Language)、IELTS (International English Language Testing System)、TEAP (Test of English for Academic Purposes) などの英語検定試験がありますが、これらの試験を横断して英語力を示す指標として近年 CEFR が注目されています。英検 CSE スコアは、CEFR に合わせて 4 技能の上限をそれぞれ 1000 点に設定し、合計で 0 点から 4000 点のスコアに尺度化したものです。これにより、英検の受験者が CEFR の A1 からの C2 までの 6 つのレベルのどれに属すのか簡単に判定できるようになりました。英検とその他の英語検定試験と CEFR の対応関係は以下の通りです。

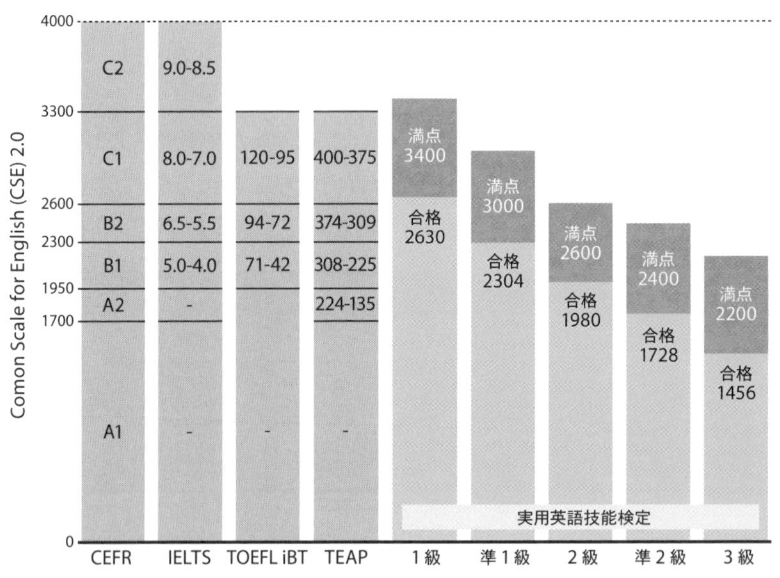

試験日程 各年度で3回実施され、それぞれ一次試験に合格した場合のみ二次試験が受けられます。二次試験で不合格になって再度受験する場合は、1年間一次試験が免除されます。

	一次試験	二次試験
第1回	6月	7月
第2回	10月	11月
第3回	1月	2月

※ 年度や受験会場などによって日程が変わりますので、詳細は公式サイトでご確認ください。

申し込み 個人での申し込みの場合、インターネット、コンビニエンスストア、特約書店からの申し込みが可能です（2021年度の準2級の検定料は9,200円）。詳細は、日本英語検定協会のホームページに記載されています。

公式サイト 日本英語検定協会 **http://www.eiken.or.jp/**

問い合わせ先 英検サービスセンター **TEL：03-3266-8311**

平日 9:30 ～ 17:00
試験前日 9:30 ～ 17:30
試験当日 8:00 ～ 17:30

早わかり

筆記試験 1

短文の語句空所補充

問題数 ▶ 20 問

解答時間 ▶ 10 分（1 問 30 秒）

短い英文や対話文を読んで、空所に入る適切な語句を選ぶ問題です。単語を補う問題が 10 問で、その後に熟語を選ぶ問題が 7 問続き、最後に文法に関する問題が 3 問出題されます。

A 単語問題

例題 | 2018 年度第 1 回

Kumiko flew from Tokyo to San Francisco last week. During the long flight, she often walked up and down the (　　　) to stretch her legs.

1 object　　**2** origin　　**3** audience　　**4** aisle

POINT 文全体の意味から答えを導き出そう！

空所の直前直後だけでなく文全体の内容を踏まえて選択肢を吟味しましょう。Kumiko flew ...（クミコは飛行機で移動した）や During the long flight（長いフライトの間）などからクミコは飛行機に搭乗中だと分かります。she often walked ...（彼女は何回も歩いた）とありますが、飛行機の中で歩ける場所は 4 aisle だけです。

正解 4 | 訳 先週、クミコは東京からサンフランシスコまで飛行機で移動した。長いフライトの間、足を伸ばすために何回も通路を歩いて行き来した。

1 物体　**2** 起源　**3** 聴衆　**4** 通路

B 熟語問題

例題 2018年度第2回

Martin had planned to travel to India next summer, but his friend ( ) that the weather would be nicer in spring. Martin decided to go there in March instead.

1 pointed out　**2** lined up　**3** cut off　**4** ran across

POINT 句動詞を積極的に覚えよう！

動詞＋副詞や動詞＋前置詞で1つの動詞の働きをする語句のことを区動詞と言います。特に go、come、take、bring、have、do などの基本動詞と組み合わせたものがよく出題されます。第1文の前半でマーティンが旅行するつもりだったのは next summer（来年の夏）だとあるのに、第2文で行くのは March（3月）にしたとあります。友だちの動作が空所になっていますが、the weather would be nicer in spring（春の方が天気が良いだろう）と「言った」や「教えた」に近い意味の表現が入ると推測できます。1 pointed out が正解です。もしも選択肢の区動詞に馴染みがない場合は、動詞や副詞の元の意味から正解を絞り込みましょう。

正解 1　訳 マーティンは来年の夏にインドに旅行する計画を立てていたが、彼の友だちは春の方が天気が良いだろうと指摘した。マーティンは代わりに3月に行くことに決めた。

1 指摘した　3 並んだ　3 切り取った　4 出会った

この本では次の2種類のクイズで短文の語句空所補充問題の強化をはかります。

▶ **基本動詞使い分けクイズ**
（→ 082、118、158、174）
他の単語との相性を考えながら、適切な基本動詞を選んで英文を完成させます。

▶ **前置詞使い分けクイズ**
（→ 230、239）
他の単語との相性を考えながら、適切な前置詞を選んで英文を完成させます。

C 文法問題

例題 | **2019 年度第 1 回**

(　　　) the train home last night, Amy remembered that it was her grandfather's birthday. She went to a store by the station to buy a present for him.

1 Ridden　　**2** Ride　　**3** Rode　　**4** Riding

POINT **分詞構文の基本は必ずマスターしよう！**

コンマの後にSとVのセットがあるので、コンマの前は文を作るのに必須ではない修飾語句になるはずです。文頭を分詞にすれば分詞構文を作ることができます。文全体の主語との関係で現在分詞と過去分詞のいずれかを選びましょう。Amy は ride（乗る）という動作を受ける存在ではなく動作主になりえる存在ですので、現在分詞 Riding が正解です。Riding the train home last night, Amy remembered that ...（昨夜帰宅中に電車に乗っていて、エイミーは…を思い出した）となり、文意も通ります。

正解 4 | 訳 昨夜帰宅中に電車に乗っていて、エイミーはおじいさんの誕生日であることを思い出した。彼女は駅のそばの店に行って彼にプレゼントを買った。

1 Ridden　　**2** Ride　　**3** Rode　　**4** Riding

早わかり

筆記試験 2

会話文の文空所補充

問題数 ▶ 5問

解答時間 ▶ 5分（1問1分）

短い会話文を読んで、空所に入れるのに適切な文や語句を選ぶ問題です。会話文は2往復から4往復の長さで、途中に空所が現れるのが標準的な形で、空所に入るのは3語から5語の短い語句が中心です。

例題 | **2019年度第1回**

A: I haven't been sleeping well lately, Dave.
B: Why is that, Megan? Are you (　　　)?
A: Yeah. I've studied a lot, but I still don't think I'll pass it.
B: I'm sure you'll do fine.

（1） **1** using your smartphone too much
　　 2 drinking too much coffee
　　 3 scared about the movie we watched
　　 4 worried about the science test

POINT 空所の後の発言を確認しよう！

空所はその後の発言の内容を踏まえて吟味しましょう。この例題では、I've studied a lot, but I still don't think I'll pass it（たくさん勉強したけど、それでも合格するとは思えない）とあるので、勉強に関わる内容でpass it（それに合格する）のitが指し示す単語が含まれた選択肢を探します。4 worried about the science test（化学のテストが心配だ）が正解です。後の発言のitはthe science testを指します。

（1） 正解 4

訳 A：最近よく眠れないのよ、デイブ。

B：どうしたんだい、メーガン。科学のテストが心配なのかい。

A：そうよ。たくさん勉強したけど、それでも合格するとは思えないわ。

B：きっとうまくいくと思うよ。

1 スマートフォンを使いすぎている
2 コーヒーを飲みすぎている
3 見た映画を怖がっている
4 科学のテストが心配だ

早わかり

筆記試験 3
長文の語句空所補充

問題数 ▶ 長文 2 題 計 5 問

解答時間 ▶ 15 分（1 問 3 分）

150 語程度と 250 語程度の 2 つ英文を読んで、空所に入れるのに適切な語句を選ぶ問題です。本文は 2 パラグラフか 3 パラグラフで構成され、それぞれのパラグラフに空所が 1 つずつあるのが標準的な形です。空所に入るのは動詞を含むフレーズや短い節などで、長い文全体が選択肢になることはありません。

例題 | **2019 年度第 1 回（第 1 パラグラフ）**

Goldfish in the Wild

Goldfish are small, colorful fish that are popular pets. Goldfish originally lived only in China. However, these days, many live in rivers all around the world. These goldfish（ 1 ）. This happened because some people did not want to keep their pets anymore. They took the goldfish to a nearby river, and it became the goldfish's new home.

（1） **1** were very friendly to people
2 were put there by humans
3 lived in China
4 needed more food

POINT **空所の直後に注目しよう！**

英語の文章では、最初に大雑把なことを述べて、それからより詳しい説明を加えていくのが一般的です。ですから、空所に入る内容がその直後で具体的に説明されていることが多いと言えます。この例文の空所の後には This happened because some people did not want to keep their pets anymore（このことが起こったのはもうペットとして飼いたくない人たちがいたからだ）と書かれています。このような理由で起こることとしてふさわしいのは 2 です。

（1） 正解 2

選択肢の訳
1 とても人懐こかった
2 人にそこに入れられた
3 中国に生息していた
4 もっと食料を必要とした

本文訳

野生の金魚

金魚は小さくて、色鮮やかで人気のあるペットだ。金魚はもともと中国にだけ生息していた。しかし、最近、世界中の川に多くの金魚が生息している。これらの金魚は人によってそこに入れられた。このことが起こったのはもうペットとして飼いたくない人たちがいたからだ。彼らは金魚を近くの川に持っていき、そこが金魚の新しい住みかになった。

早わかり

筆記試験 4

長文の内容一致選択

問題数 ▶ 長文 2 題 計 7 問

解答時間 ▶ 25 分（1 問 3～4 分）

英文を読んで、その内容についての質問に答える問題です。挨拶などを除いて 3 パラグラフからなる 200 語程度の E メール文に続いて、4 パラグラフからなる 300 語程度の長さの説明文が登場します。E メールに関する問題が 3 問、最後の説明文に関する問題は 4 問出題されます。

A　E メールの読解問題

例題｜**2019 年度第 1 回（第 1 パラグラフ）**

From: Nicole Hoover <nhoover@summerfun.com>
To: Jeremy Dobbs <j-dobbs77@housemail.com>
Date: May 31
Subject: Summer Fun's Music Camp

Hi Jeremy,
This is Nicole from Summer Fun. Thanks for your e-mail. You asked about the dates of this year's music camps for teenagers and how to apply. Summer Fun has two music camps for teenagers. This year, the first camp is for singing and will be from June 24 to July 7, and the second one is for people who play instruments. It will be from July 22 to August 4. The fee for each camp is $1,500 per person.
…
Sincerely,
Nicole Hoover

（1） Why is Nicole Hoover writing to Jeremy?

1 To ask him what instrument he learned to play.
2 To check his schedule for his music lessons.
3 To answer the questions he asked about camps.
4 To invite him to an event for teenagers.

POINT **重要な情報を探しながら読もう！**

メールのような通信文では、読み手に伝えたい内容がパラグラフごとにまとめられています。そうした文章は、書き手が伝えようとしている重要な情報を「見つける」感覚で読みましょう。この例題ではニコル・フーバーがメールを書いた理由が問われています。冒頭の Thanks for your e-mail（メールありがとうございます）の後に、ジェレミーが the dates of this year's music camps for teenagers（今年の若者向けの音楽キャンプの日程）と how to apply（申し込み方法）の問い合わせをしていたとあり、その後これらの情報について詳しく述べられています。よって、3 が内容的に一致します。

（1） 正解 3

訳 なぜ、ニコル・フーバーはジェレミーにメールを書いているのか。

1 彼に何の楽器の演奏を学んだかを尋ねるため。
2 彼の音楽レッスンのスケジュールを調べるため。
3 キャンプについて彼が尋ねた質問に答えるため。
4 若者向けのイベントに彼を誘うため。

本文訳

送信者：ニコル・フーバー <nhoover@summerfun.com>
宛先：ジェレミー・ダブズ <j-dobbs77@housemail.com>
日付：5月31日
件名：サマーファン音楽キャンプ

こんにちはジェレミー、
こちらはサマーファンのニコルです。メールありがとうございます。今年の若者向けの音楽キャンプの日程とその申し込み方法についてお尋ねですね。サマーファンは若者向け音楽キャンプを2つ用意しています。今年は、最初のキャンプが歌のキャンプで、6月24日から7月7日までの予定です。2回目のキャンプは楽器を演奏する人たちのためのキャ

ンプです。7月22日から8月4日までの予定です。料金はそれぞれ1人1500ドルです。

…

敬具

ニコル・フーバー

B 説明文の読解問題

例題 | 2019年度第1回（第1パラグラフ）

The History of Firefighting

Nowadays, most towns and cities have firefighters to put out fires, but it was very different in the past. In early U.S. history, as towns started to grow into larger cities, fires were very dangerous. In the 1700s, most houses were made out of wood. Once a fire started, it could spread very quickly, putting thousands of people in danger. There were no fire departments, so neighbors and volunteers worked together to put out any fire that started in a neighborhood.

（1） What is one problem people had in U.S. cities in the 1700s?

1 Houses that were made of wood easily caught on fire.

2 People did not learn how to put out fires in their cities.

3 Nobody wanted to work as volunteers at fire departments.

4 It was difficult to find the wood that people needed to build fires.

POINT 必要な情報を効率的に探そう！

設問文の中の特徴的な語句を手がかりに本文を読み直しましょう。この例題では、設問文のthe 1700s（1700年代）に注目します。第3文にIn the 1700s, most houses were made out of wood（1700年代はほとんどの家は木造だった）とあり、さらにその次の文でOnce a fire started, it could spread very quickly（ひとたび火事が起これば、それはあっという間に広がることがあった）と書かれています。これらの情報をまとめた1が正解です。

(1) 正解 1

訳 1700年代のアメリカの都市で人々の問題は何だったか。

1 木造住宅は簡単に燃え始めた。
2 人々は自分たちの都市で消火の仕方を学ばなかった。
3 誰も消防署で有志で働きたがらなかった。
4 火を起こすために必要な木を見つけることは難しかった。

本文訳

消防の歴史

近頃ではたいていの町や都市には消火作業をする消防士たちがいるが、過去の状況はまったく異なっていた。アメリカの初期の歴史では町が大きな都市に成長を始めた頃で、火事はとても危険なものだった。1700年代はほとんどの家は木造だった。ひとたび火事が起これば、それはあっという間に広がることがあり、何千もの人たちを危険にさらした。消防署がなかったので、近隣で起こったどんな火事も近所の人や有志で協力して消した。

早わかり

筆記試験 5 英作文

問題数 ▶ 1 問

解答時間 ▶ 20 分

指定されたトピックについて自分の意見を英語で述べる問題です。身近な問題がトピックとしてよく取り上げられます。筆記試験の一部として出題されるので解答時間は受験者自らが決めることになります。ですが、現実的には大問 1 ～ 4 を 55 分以内に解き終えてから残りの 20 分間で集中して取り組むのが理想的な時間配分でしょう。

例題 | **2018 年度第 1 回**

- あなたは、外国人の知り合いから以下のQUESTIONをされました。
- QUESTIONについて、あなたの意見とその理由を2つ英文で書きなさい。
- 語数の目安は50語～60語です。
- 解答がQUESTIONに対応していないと判断された場合は、0点と採点されることがあります。QUESTIONをよく読んでから答えてください。

QUESTION

Do you think parents should let their children play video games?

英作文の採点基準

英作文は筆記試験の一部として出題されますが、Reading や Listening の技能を試す問題のように選択式ではなく記述式です。高得点をねらうためにも、まずは採点基準を確認しておきましょう。

採点基準	採点のねらい	配点
内容	課題で求められている内容が含まれているか	4 点
構成	英文の構成や流れが分かりやすく論理的であるか	4 点
語い	課題に相応しい語いを正しく使えているか	4 点
文法	文構造のバリエーションやそれらを正しく使えているか	4 点

内容 与えられたトピックについて書くことが求められます。自分の考えとそれに沿った理由を 2 つきちんと示さないと減点の対象になります。トピックからそれずに解答するには、実際に書き始める前に自分の立場を決めて下書きを作ることが重要です。例題と 3 回のミニ模試演習では、自分の考えを書き出しながら内容を練る訓練をしていきます。

構成 与えられたトピックについてある程度の長さの文章を書くにあたって、読む人に分かりやすく情報を示すことが重要になります。英検準 2 級では自分の考えに対する理由を 2 つ挙げることが要求されますので、各文の役割をはっきりさせて流れを作るためにも、次のように 5 文で解答をまとめるとよいでしょう。

第 1 文	**自分の意見**	I think that ... など
第 2 文	**理由 1**	First, ...
第 3 文	**理由 1 の補足説明**	For example, ... など
第 4 文	**理由 2**	Second, ...
第 5 文	**理由 2 の補足説明**	In fact, ... など

この本では、3 つの Step で解答を作成する方法を示していきますので、例にならって自分のオリジナルの解答を作成する練習をしましょう。

語い 単に課題に答えるだけでなく、多様な語いを使いこなす力も採点対象になります。無理に難しい単語や熟語を使う必要はありませんが、自分の考えを述べるのに必要な表現のストックを普段から増やしておきましょう。また、同じ表現の繰り返しを避けて別な表現で言い換えられると、柔軟な語い力をアピールできるでしょう。

文法 名詞の複数形や動詞の三単現の s を抜かす、動詞の過去形を間違える、といった初歩的なミスが多いと、文章が読みにくくなります。文法力で高評価を得るために極力こうしたミスを減らすようにしましょう。また、SVO や SVC だけの短い文ばかりを羅列するだけだと文法力をアピールできません。時には接続詞を使って 2 つの文をつなげたり、文の最初や最後に「前置詞＋名詞」の前置詞句を入れたりして、文の構造に変化を持たせましょう。

この本では「英作文上達トレーニング」のトレーニング 1 を通じて「内容」と「構成」の点で評価される解答を作成し、トレーニング 2 の和文英訳を通して「語い」と「文法」の強化を図ります。

それでは、次のページから解答例の作り方を見ていきます。

英作文に取り組む手順

英作文は、いきなり書き始めてはいけません。日本語の作文と一緒で、読み手に評価してもらうには、内容と構成についてメモを書きながら考えをまとめることが重要です。次のように3つのStepで取り組みましょう。

Step 1 自分の意見を決める（1分）

与えられるのはYesかNoで答えるか、2つのうち1つを選ばせる形の2択のQuestionです。難しく考えずにどちらを選ぶかすぐに決めましょう。

Step 2 理由を書き出す（4分）

Step 1で決めた自分の意見について、思いつく理由を書き出しましょう。この段階ではまだ日本語で結構です。実際の解答では2つあれば十分ですが、英語の文を作る際に少し多めに選択肢があった方が安心なので5つの理由を挙げてください。

▶ 質問文に賛成だ

理由

1 ゲームによって鍛えられる技術や能力がある
2 プロもゲームを使ってトレーニングすることもある
3 ゲームが勉強に興味を持つきっかけにもなりうる
4 オンラインゲームを介して人と繋がることができる
5 親が内容を決めればゲームの危険をコントロールできる

▶ 質問文に反対だ

理由

1 ゲームの真似をして友だちに怪我を負わせる危険がある
2 時間を浪費する
3 長時間のゲームは子どもの体に悪い影響を与える
4 たとえば人を死なせるようなことへの心理的抵抗をなくしてしまう
5 ゲームで無駄にした時間は取り戻せない

Step 3 自分の解答をまとめる（15 分）

Step 1 と Step 2 をもとに解答を英語で 1 文ずつ書いていきましょう。

第 1 文 I think ... など（Question に対する自分の考え）
第 2 文 First, ...（1 つ目の理由、文頭は定型表現）
第 3 文 For example, ... など（第 2 文の具体例や補足説明）
第 4 文 Second, ...（2 つ目の理由、文頭は定型表現）
第 5 文 In fact, ... など（第 4 文の具体例や補足説明）

第 1 文でシンプルに Question に答え、残りの部分で定型文や定型表現を使ってあらかじめ決まったパターンの解答に仕上げるのがコツです。こうすることで内容的な展開がはっきりします。理由については Step 2 で挙げた中から英語で表現しやすいものを優先して選ぶと良いでしょう。最後に、必ず 2 分前には書き終えてスペルや文法のミスがないかどうか確認しましょう。

▶ 質問文に賛成の場合

解答例 1

I think that parents should let their children play video games. First, I believe that video games can help children become interested in learning. In fact, I became interested in history through video games. Second, parents can choose what games their children play. By doing so, they can control the risks of video games.

（54 語）

▶ 質問文に反対の場合

解答例 2

I do not think that parents should let their children play video games. First, playing video games wastes a lot of hours. Children have no time to study. Second, some children imitate the trick they see in the game. It is very dangerous and may hurt their friends.

（48 語）

それでは次のページから実際に以上の手順で解答を作成してみましょう。

トレーニング1

いきなり英語で書き始めようとしても行き詰まってしまいます。3つのStepで着実に解答を作成していきましょう。高評価される解答にするには、問題の指示を確認しながら内容について考え、決まったパターンの英文を書くのが鉄則です。

Step 1 自分の意見を決めよう！

英作文の問題では、必ず「あなたの考え」を書くように指示されます。この問題で問われているのは、質問文に賛成するか反対するかのどちらかです。直感で構いませんので、どちらか1つを選びましょう。

QUESTION
Do you think parents should let their children play video games?

質問の訳　親は子どもがテレビゲームをすることを許すべきだと思いますか。

Step 2 理由を書き出してみよう！

問題の指示文には、あなたの考えについて「その理由を2つ」書くようにとあります。Step 1で選んだ自分の意見の理由を少し多めに5つ挙げてみましょう。この段階では日本語で構いません。

▶ 質問文に［賛成／反対］だ

理由

1 ____________________

2 ____________________

3 ____________________

4 ____________________

5 ____________________

Step 2 の記入例

Step 1 で決めた自分の意見について、その理由を５つ挙げられましたか？ 質問文に賛成する場合と反対する場合の両方で、選ぶ理由として考えられるものを下に10個列挙します。皆さんが考えた理由やそれに近いものを探してみましょう。

▶ 質問文に賛成だ

理由

1 ゲームによって鍛えられる技術や能力がある
2 プロもゲームを使ってトレーニングすることもある
3 ゲームが勉強に興味を持つきっかけにもなりうる
4 オンラインゲームを介して人と繋がることができる
5 親が内容を決めればゲームの危険をコントロールできる
6 ゲームを使って瞬発力のトレーニングができる
7 最近のゲームは運動にも使える
8 複雑なゲームをやることで判断力や理解力が身に付く
9 ゲームが親子のコミュニケーションのきっかけになることもある
10 集中力が身に付く

▶ 質問文に反対だ

理由

1 ゲームの真似をして友だちに怪我を負わせる危険がある
2 時間を浪費する
3 長時間のゲームは子どもの体に悪い影響を与える
4 たとえば人を死なせるようなことへの心理的抵抗をなくしてしまう
5 ゲームで無駄にした時間は取り戻せない
6 目が悪くなる
7 ゲームによって得るものよりも、失うものの方が圧倒的に多い
8 オンラインゲームで犯罪に巻き込まれる危険がある
9 ゲームで引きこもると友だちが減って大人になってから困る
10 親子の会話が減って心の成長に良くない

Step 3　自分の解答をまとめよう！

最後に、Step 1 と Step 2 で考えた内容を入れながら解答を作ります。1文ずつ英語で書いていきましょう。それぞれの理由について具体例や補足説明を補いながら2文で書く必要があるので、5つ挙げた中から内容的に書きやすいものを2つ選んでください。定型表現も上手く使いながら自分の解答を完成させましょう。

第1文 自分の意見

____

第2文 理由 1a

First, ______________________________

第3文 理由 1b

____

第4文 理由 2a

Second, ______________________________

第5文 理由 2b

____

Step 3 の記入例

2つの意見で書かれた解答例を見てみましょう。Step 2 で挙げられた理由の中から2つを採用して書かれています。シンプルな表現だけでもきちんと解答できるんだ、ということを確認してください。

▶ 質問文に賛成の場合

解答例 1 (理由3と5)

I think that parents should let their children play video games. First, I believe that video games can help children become interested in learning. In fact, I became interested in history through video games. Second, parents can choose what games their children play. By doing so, they can control the risks of video games.

(54 語)

解答例訳 親は子どもがテレビゲームをするのを許すべきだと思います。第一に、テレビゲームは子どもたちが勉強に興味を持つのに役立つと思います。実際に、私はテレビゲームを通じて歴史に興味を持つようになりました。第二に、親は子どもが何のゲームをプレイするかを選ぶこともできます。そうして、テレビゲームの危険をコントロールすることが可能です。

▶ 質問文に反対の場合

解答例 2 (理由2と1)

I do not think that parents should let their children play video games. First, playing video games wastes a lot of hours. Children have no time to study. Second, some children imitate the trick they see in the game. It is very dangerous and may hurt their friends.

(48 語)

解答例訳 親は子どもがテレビゲームをするのを許すべきだと思いません。第一に、テレビゲームは多くの時間を浪費します。子どもは勉強する時間がなくなります。第二に、ゲームの中で見た技を真似する子どももいます。それはとても危険で、友だちにけがを負わせてしまうかもしれません。

トレーニング 2

トレーニング1では3つのStepで決められたパターンに従って解答を作成してみました。そうすることで「内容」と「構成」の採点基準を満たした解答が出来上がったはずです。ここでは1つ1つの英文を作る訓練をしましょう。左ページの文は Step 2 で列挙した理由に文字数を稼ぐために内容的な肉付けをしたものです。これを見て右ページの英語の文がすぐに書けるようになるまで何度も練習しましょう。POINT では表現や文法に関する要点を説明しましたので、残りの採点基準である「語い」と「文法」についても意識して取り組みましょう。

質問文に賛成だ

1 テレビゲームは子どもがある種の技術を訓練する機会になる。例えば、ゲームをすることで方向感覚を磨くことができる。

2 今日のテレビゲームは単なるおもちゃではない。レーサーなどのプロも時としてゲームを使ってトレーニングをする。

3 テレビゲームは子どもが勉強に興味を持つのに役立つこともある。実際、私はゲームを通じて歴史に興味を持った。

4 子どもはオンラインゲームを通じて人とつながることができる。彼らがたくさんの友だちを作るのに役立つ。

1 Video games gives children a good opportunity to train some skills. For example, they can improve a sense of direction by playing games.

POINT 「テレビゲームが子どもに機会を与えてくれる」と表現する。**opportunity**「機会」。**improve**「改善する」。

2 Today's video games are not just toys. Even professionals, such as racers, sometimes use video games for training.

POINT **not just ~**「ただ~なだけではない」。**such as ~**は「~のような」の意味で、具体例を示す時に使われる。

3 Video games can help children become interested in learning. In fact, I became interested in history through video games.

POINT **help O (to) V**「O が V するのに役に立つ」。**become interested in ~**「~に興味を持つようになる」。**in fact**「実際のところ」。

4 Children can connect with people through online video games. It helps them to make many friends.

POINT **connect with ~**「~とつながる」。**through ~**「~を通じて」。

5 親は子どもが遊ぶゲームを決めることができる。そうすればテレビゲームの危険性をコントロールできる。

6 子どもたちはテレビゲームを通じて手と目を同時に使う技術を身に付けられる。そうすることで彼らの身体能力が改善されるだろう。

7 最近テレビゲームは運動の道具になることがある。例えば、ゲームを使ってダンスができる。

8 難しいゲームをやることで子どもが判断力や理解力を身に付けるのに役立つ。彼らの勉強にも役に立つ。

9 親が子どもと一緒にテレビゲームをすれば会話も楽しめる。家族のコミュニケーションをより良くする。

10 テレビゲームをすると集中するのに役立つ。子どもの勉強に役に立つ。

5 Parents can also choose what games their children play. By doing so, they can control the risks of video games.

POINT
by ~ ing「~することによって」。

6 Children can get the skill of using their hands and eyes at the same time through video games. It will improve their body skills.

POINT
at the same time「同時に」。improve「改善する」。

7 These days video games can be tools for physical exercise. For example, you can dance using games.

POINT
these days「最近」。can「~することがある」。tool「道具」。physical「身体的な」。

8 Playing difficult games helps children develop judgment and understanding. It is helpful for their study.

POINT
help O (to) V「O が V するのに役に立つ」。V は原形でも to 不定詞でもどちらでも良い。

9 When parents play video games with their children, they can also enjoy talking. It makes communication in the family better.

POINT
enjoy ~ ing「~するのを楽しむ」。enjoy の後に「~すること」を続ける場合は必ず動名詞~ ing。

10 Playing video games helps you to concentrate. It is helpful in children's studies.

POINT
be helpful「役立つ」。この表現も覚えておくと色々な場面で使える。

▶ 質問文に反対だ

1 子どもがゲームの中で見る技を真似するかもしれない。それはとても危険で、友だちにけがを負わせてしまうかもしれない。

2 テレビゲームをすると時として何時間も無駄にしてしまう。子どもは勉強する時間がなくなる。

3 長時間のゲームをすると子どもが同じ姿勢のままでいることを強いる。彼らの体に悪影響があるかもしれない。

4 暴力的な内容のゲームもある。子どもの道徳観念に悪影響があるかもしれない。

5 テレビゲームをして時間を無駄にしたら、子どもは後でその時間を取り戻せない。

6 テレビゲームを何時間もすると子どもの視力に影響があるかもしれない。近眼の子どもが増えるだろう。

1 Children may imitate the trick they see in the game. It is very dangerous and may hurt their friends.

POINT
imitate「～の真似をする」。hurt「～を傷つける」。

2 Playing video games sometimes waste a lot of hours. Children have no time to study.

POINT
waste「無駄にする」。time to V「V するための時間」。この to 不定詞は形容詞的用法で前の time を修飾する。

3 Playing games for many hours makes children stay in the same position. It may have bad effects on their bodies.

POINT
make O V「O に V させる」。この make は使役動詞。「V させる」の部分が原形不定詞であることがポイント。have an effect on ～「～に影響がある」。

4 Some games have violent content. It may have bad effects on children's moral values.

POINT
violent「暴力的な」。「悪影響」は negative effects の方が良いが、無理をせず bad effects でも問題ない。

5 If they waste time playing video games, children cannot get it back later.

POINT
waste O ～ ing「～して O を無駄にする」。get ～ back「～を取り戻す」。

6 Playing video games for many hours may affect children's eyesight. More and more children will be short-sighted.

POINT
affect「～に影響を与える」。eyesight「視力」。short-sighted「近視の」。more and more ～「～が増える」。

7 子どもがゲームをすることから得るものよりも失うものの方が圧倒的に多い。例えば、彼らは勉強する時間を失う。

8 オンラインゲームで子どもたちは知らない人と交流する。彼らは犯罪に巻き込まれる危険があるかもしれない。

9 テレビゲームをすると、子どもは家に引きこもる。彼らは人と交流する機会を失ってしまう。

10 テレビゲームをするのにより多くの時間を使うと、子どもは家族と話す時間が減る。そうすると彼らの心の成長に影響が出る。

7 Children have far more to lose than to gain from playing video games. For example, they lose time to study.

POINT more to V は much to V「V する多くのもの」の比較級。

8 In online games, children communicate with people they do not know. They may be at risk of being involved in a crime.

POINT at risk of「～の危険にさらされる」。be involved in ～「～に巻き込まれる」

9 When they play video games, children hide in the house. They lose chance to communicate with people.

POINT hide「隠れる」。chance to V「V する機会」。この to 不定詞は形容詞的用法で前の chance を修飾する。

10 When they use more time to play video games, children have less time to talk with their family. It affects their mental growth.

POINT time to V「V するための時間」。affect「～に影響を与える」。mental growth「心の成長」。

早わかり

リスニングテスト 第1部
会話の応答文選択

問題数▶10問

解答時間▶1問10秒

イラストを見ながら短い会話を聞き、最後の発言に続く返事として適切な文を選ぶ問題です。家族や友人同士、あるいは店員と客などの間で交わされる日常的な場面が想定されています。

例題 | **2018年度第3回** 01

選択肢は放送されます。

■ スクリプト

W: How was your trip to Japan, Chris?

M: It was great. I really enjoyed the food.

W: I bet it was delicious. How about the weather?

1 This was my first trip abroad.

2 I was only there for two weeks.

3 It was sunny the whole time.

POINT 疑問文にはシンプルに答えよう！

会話全体の内容を理解することも重要ですが、特に最後の文に集中しましょう。疑問文で会話が途切れているのなら、それに対するシンプルな返事となっている選択肢を探します。この例題では最後の文が How about the weather?（天気はどうだった）です。How に対応する形容詞が含まれていて、天気を表す際の主語 It で始まる 3 が正解です。

正解　3

選択肢の訳
1　今回が私の初めての海外旅行だったんだ。
2　2 週間しかそこにいなかったよ。
3　ずっといい天気だったよ。

スクリプトの訳

女性： 日本への旅行はどうだった、クリス。
男性： 最高だったよ。食べ物が本当にすばらしかった。
女性： きっと、おいしかったでしょうね。天気はどうだった。

早わかり

リスニングテスト 第2部
会話の内容一致選択

問題数 ▶ 10 問

解答時間 ▶ 1 問 10 秒

会話を聞いてその内容についての質問に答える問題です。2 人の人物による 2 往復程度の対話を聞きますが、家族や友人同士、あるいは店員と客などの間で交わされるやり取りが中心です。それぞれについて問題が 1 問ずつ出題されます。

例題 | 2018 年度第 1 回 ◀02

1 Go home to get money.
2 Choose some more items.
3 Put back all of his food.
4 Pay by credit card.

■ スクリプト

W: OK, sir, that's 46 dollars and 50 cents for your groceries. How would you like to pay?
M: Oh no. I think I left my wallet at home.
W: Well, I could keep your items here if you want to go home and get it.
M: That would be great. I'll be back in 20 minutes with the money.
Question: What will the man do next?

POINT **最後まで集中して聞こう！**

会話の流れの中で後半部分について問われることが多いです。冒頭部分で会話の状況を把握したら、結末までしっかり聞き取りましょう。店での会話で、男性客が I left my wallet at home（家に財布を置いてきた）と述べています。この状況で店員が品物を預かるので go home and get it（自宅に取りに行く）ことを提案したところ、客は That would be great（それは助かります）と答えて 20 分後に戻るとも言っていることから、店員の提案通りの 1 が正解です。

正解　1

選択肢の訳
1 お金を取りに家に行く。
2 さらに品物を選ぶ。
3 食べ物を全て戻す。
4 クレジットカードで支払う。

スクリプトの訳

女性： それでは、お客様、食料品は 46 ドル 50 セントになります。お支払いはどのようにいたしますか。
男性： おやまあ。家に財布を置いてきたみたいだ。
女性： そうですね、ご自宅に取りに行かれるようでしたら、お品物をここでお預かりすることもできますが。
女性： それは助かります。20 分でお金を持って戻ります。
質問： 男性が次にすることは何か。

早わかり

リスニングテスト 第3部

文の内容一致選択

問題数 ▶ 10 問

解答時間 ▶ 1 問 10 秒

説明文を聞いて、その内容についての質問に答える問題です。放送は 30 秒程度の長さで、架空の人物についての物語文が中心で、残りはアナウンスや学問的な内容の説明文です。それぞれについて問題が 1 問ずつ出題されます。

例題 | 2018 年度第 2 回 03

1 After tennis practice ends.
2 After she eats lunch.
3 Before classes begin.
4 Before she goes to bed.

■ スクリプト

Sonya is on her high school's tennis team. She has tennis practice nearly every afternoon. She also has a lot of homework to do for her classes. Sonya and her teammates are usually too tired to do homework after tennis practice, so they have started doing homework together in the morning before school starts.

Question: When does Sonya do her homework?

POINT 動作の順序を意識しよう!

物語文では話の展開を理解することが重要です。特に時間を表す表現に注意して出来事の順番を正確に把握しましょう。学校の授業の後に部活の練習をしているソニアとチームメートは after tennis practice (テニスの練習の後) だと疲れて宿題ができないと述べられています。解決法として、before school starts (学校が始まる前に) 宿題を始めるようになったということなので、これを言い換えた 3 が正解です。

正解 3

選択肢の訳
1 テニスの練習が終わってから。
2 昼食を食べた後。
3 授業が始まる前。
4 寝る前。

スクリプトの訳

ソニアは高校のテニス部に所属している。彼女はほぼ毎日午後にテニスの練習をしている。彼女は授業の準備でたくさんの宿題もしなければならない。ソニアと彼女の友だちはテニスの練習の後ではあまりに疲れていて宿題をすることができない。そこで、彼女たちは学校が始まる前、朝に一緒に宿題をするようになった。

質問: ソニアはいつ宿題をするか。

早わかり

二次試験
英語での面接

問題数 ▶ 音読 1 問と質疑応答 5 問

解答時間 ▶ 約 6 分

「問題カード」に書かれた英文を音読します。その後に、面接委員からの 5 つの質問に答えます。最初の 3 問は「問題カード」の英文とイラストに関するもので、英文の内容の理解と身近な状況を説明する能力が問われます。残りの 2 問では、日常生活など身近な話題について自分の意見を述べることが求められます。

例題 | **2018 年度第 2 回 A 日程**

問題カード

Students' Health

It is often said that breakfast is the most important meal of the day. However, many students go to school without eating breakfast, so they feel tired during their classes. Now, some schools are offering breakfast before classes begin. They hope that this will give students the energy they need for the day.

A

B

Instructions and Questions

04

First, please read the passage silently for 20 seconds.
<20 seconds>
All right, please read it aloud.

Now I'll ask you five questions.

No. 1 According to the passage, why do many students feel tired during their classes?

No. 2 Now, please look at the people in Picture A. They are doing different things. Tell me as much as you can about what they are doing.

No. 3 Now, look at the boy in Picture B. Please describe the situation.

Now, please turn over the card and put it down.

No. 4 Do you think junior high schools should have more cooking classes for their students?
Yes. → Why?
No. → Why not?

No. 5 Today, there are many convenience stores in Japan. Do you often use these stores?
Yes. → Please tell me more.
No. → Why not?

二次試験の流れ

面接は1人ずつ面接室で行われます。面接委員は1人だけで、日本人の場合もありますが、全て英語でやり取りしなくてはいけません。写真撮影や録音に加え、メモを取ることもできません。

入室

係員の指示で面接室に入り、面接委員に面接カードを手渡します

挨拶

面接委員から氏名と受験する級を確認されたら、簡単な挨拶をします

音読

面接委員から文章とイラストが印刷された問題カードを受け取り、指示に従って問題カードに印刷されたパッセージを音読します

質疑応答

面接委員からの 5 つの質問に答えます

退室

面接委員に問題カードを返却して退出します

二次試験の評価対象と配点

音読と5つの質問に答えることが課せられますが、それ以外に全体を通して面接委員とのやりとりをする際の意欲や態度も評価の対象になります。配点は以下の通りです。

評価対象	採点のねらい	配点	
音読	英文の内容がきちんと伝わるように、個々の単語の発音や意味の区切りなどに注意して読むことが求められます。	5点	
質疑応答	与えられた情報（英文、イラスト）に関する質問では、情報を理解した上で、適切な表現を使って答えることが求められます。また、受験者自身の意見などに関する質問では、自分の考えを論理的に答えることが求められます。	No. 1	5点
		No. 2	5点
		No. 3	5点
		No. 4	5点
		No. 5	5点
アティチュード	面接室への入室から退出までのやりとりの中で、積極的にコミュニケーションを図ろうとする態度が求められます。	3点	

音読　「問題カード」を受け取ると、First, please read the passage silently for 20 seconds.（最初に、パッセージを20秒間黙読してください）と指示されます。20秒後にNow, please read it aloud.（それでは、パッセージを音読してください）という指示が出たら音読を始めます。無理やり速く読む必要はありませんので、落ち着いて読み上げましょう。各単語をはっきりと滑らかに発音することが重要です。

質疑応答 音読の後、次の5つの質問に答えます。

No. 1	「問題カード」のパッセージの内容についての質問
No. 2	「問題カード」のイラストについての質問
No. 3	「問題カード」のイラストについての質問
No. 4	受験者の意見についての質問
No. 5	受験者の意見についての質問

最初の3つの質問では、英文の内容やイラストを説明することが求められます。最後の2つの質問では、Yes か No で答えるだけでなく、具体例や説明を補うことも求められます。また、全体を通して発音、語いや文法の正確さも評価の対象になります。

アティチュード

面接に取り組む態度が1：普通、2：よい、3：とてもよい、の3段階で評価されます。与えられた課題とは別に採点されますので、ボーナスポイントととらえて良いでしょう。

ここで面接委員から高い評価を得るために、まずアイコンタクトを徹底しましょう。話を聞こうとしているのだ、ということを態度で示すことが重要です。また、面接委員の発言に対して、できるだけ返事をしましょう。「～してください」と指示が出たら、All right.（わかりました）やYes.（はい）などと述べてしっかり反応することで印象が良くなります。

万が一面接委員の発言の内容がわからなければ、その場で聞き返しましょう。繰り返し聞き返すと減点の対象になることもありますが、わからないまま黙っていては採点されません。

面接室に入ってから音読をするまでに、自分の名前を名乗ったり簡単な挨拶をしたりする機会がありますので、この時に十分なウォーミングアップをしておきましょう。音読と質疑応答で大きな声でしっかりと話すように心掛ければ、必ず2点は獲得できるでしょう。

音読のコツ

英文を音読するとき、個々の単語の発音が気になって一語一語区切ってしまい、たどたどしくなっていませんか。ネイティブのように滑らかに英文を読み上げるには、単語の発音よりもむしろ英文の流れやリズムを意識することが大事です。英文の流れは、単語同士をつなげてかたまりにし、適切な位置で一呼吸入れることで明確になります。また、英語のリズムは単語ごとに発音の強弱をつけることで生まれます。次に挙げるルールと手順に従って練習し、5点獲得を目指しましょう。

1 適切な位置で区切ろう

文の数は4つ程度ですが、10語以上の長い文も含まれますので、一気に読み上げるのは難しいでしょう。文構造を踏まえながら無理のない位置で区切りましょう。

ルール1 **文の終わりで区切る**

Many students feel tired / during their classes. /

ルール2 **主語が長いときは動詞の前で区切る**

More and more supermarkets / use self-checkout machines. /

ルール3 **主語が代名詞のときは直後で区切らない**

They hope / that this will give students / the energy. /

ルール4 **前置詞＋名詞などの修飾語句はまとめて前後で区切る**

Many students / go to school / without eating breakfast. /

2 強弱をつけて読もう

強く発音する語句と弱く発音する語句のメリハリを意識しましょう。リズムに乗って滑らかに読み上げることが重要です。

ルール1 動詞・名詞・形容詞・副詞は強くはっきりと読む

Today at **supermarkets**, a **new** kind of **machine** called a **self-checkout** machine has become **popular**.

ルール2 代名詞・前置詞・接続詞は弱く読む

They feel **tired** during their **classes**.（They が代名詞、during が前置詞）

ルール3 文で特に重要な語句を強く読む

This will give **students** the **energy** they **need** for the **day**.

以上が一般的なルールですが、「動詞＋名詞」など強く発音される語句が2つ続く場合はどちらか一方がより強く発音されます。また、ルール2とは逆に接続詞が強調されて強く発音される場合もあります。このように文の内容と関連して例外も発生しますが、まずは上のルール1～3を念頭に置いて読み上げるようにしましょう。

3 次の手順で練習しよう

次のページから実際に音読に取り組みます。効果を上げるために次の手順で練習しましょう。自分の音読を聞き直すための録音機器を用意してください。

1. 区切りや語句の強弱が示された英文を見ながら、ネイティブの音読を聞く。
2. 区切りや語句の強弱が示された英文を見ながら、ネイティブの真似をして音読する。
3. 問題カードの英文を見ながら、区切りや語句の強弱を意識して音読する。このとき、自分の音読をスマホなどに録音する。
4. ネイティブの音読と3で録音した自分の音読を聞き比べて、修正点を探す。
5. ネイティブの音読に近づくように3～4を繰り返し練習する。

例題 | 解答例

音読練習

音読は何と言ってもネイティブの読み上げ方を何度も繰り返し聞いて、それを自分で真似することが一番です。問題カードの英文を以下に再掲載しますが、区切れる箇所を示して特に強く読む語句を太字にしてあります。057 ページの手順に従って何度も練習しましょう。

Students' Health

◀05 >>> 08

① It is **often** said / that **breakfast** is / the **most** important **meal** / of the **day**. / ② **However**, / **many** students / go to **school** / **without** eating **breakfast**, / so they feel **tired** / during their **classes**. / ③ **Now**, / some **schools** are offering **breakfast** / before classes **begin**. / ④ They **hope** / that **this** will give **students** / the **energy** they **need** for the **day**.

解説 ① It is said that ...「…だと言われている」は重要表現です。said の直後で一旦区切り、that 以下で仮主語 It の内容を述べます。②文頭の副詞 However は前の文とのつながりを表す重要な単語なので、一旦ここで区切ります。without ～ing で「～せずに」という意味のまとまったフレーズなので、without eating ... も滑らかに続けて読みましょう。③文頭の副詞 Now は先ほどの However と同様直後にコンマがあるので、少しゆっくり目に読んで一旦区切ります。④ energy は発音に注意しましょう。「エネルギー」では通じません。

問題カードの訳

学生の健康

朝食は一日の食事で最も重要だとよく言われる。しかしながら、多くの学生は朝食を取らずに学校へ行く。そのため、授業中に疲れを感じてしまう。今では、授業が始まる前に朝食を提供する学校もある。そうした学校は、こうすることが学生にその日必要とするエネルギーを与えてくれるだろうと望んでいる。

質疑応答の例

音読が終わると面接委員から５つの質問をされます。最初の３つは問題カードを見ながら答えますが、残りの２つではカードを見ないで自分の意見を述べることが求められます。まず、スクリプトで質問の内容や模範的な応答の分量を把握し、解説で解答の仕方を確認しましょう。次に、音声を繰り返し聞いてから、受験者の解答例が滑らかに口をついて出て来るまで音読をしてください。シミュレーションと口慣らしをしておくと自信につながります。

No. 1

09

Examiner: According to the passage, why do many students feel tired during their classes?

面接委員：パッセージによると、どうして多くの学生は授業中に疲れを感じるのでしょうか。

Examinee: Because they go to school without eating breakfast.

受験者：朝食を食べずに学校へ行くからです。

解説　第２文の後半に so they feel tired during their classes（そのため、彼らは授業中に疲れを感じてしまう）とあるのに注目します。接続詞 so は原因や理由となる内容を述べた後に結果を表すために使われるので、第２文の前半を参照して答えます。why ...?（どうして…？）と問われているので、Because を文頭において答えましょう。Because は接続詞なので、そのあとは必ず S＋V の形になります。

A

B

No. 2

◀10

Examiner: Now, please look at the people in Picture A. They are doing different things. Tell me as much as you can about what they are doing.

面接委員: それでは、図 A の人物を見てください。彼らは色々なことをしています。彼らがしていることを、できるだけたくさん私に教えてください。

Examinee: A boy is washing his face.
A woman is planting some flowers.
A girl is feeding a rabbit.
Two boys are shaking hands.
A man is pulling a cart.

受験者: 少年が顔を洗っています。
女性が花を植えています。
女の子がウサギに餌を与えています。
2 人の少年が握手をしています。
男性が台車を引いています。

解説 絵に描かれている人物の動作を説明するように求められています。動作を表す動詞を使って、現在進行形（Be 動詞＋～ ing）で人物を描写していきます。数にも注意しましょう。英語では、数えられる名詞は単数か複数かを必ず明示します。Be 動詞の形を主語の数と一致させるのも忘れないようにしましょう。

No. 3

🔈11

Examiner: Now, look at the boy in Picture B. Please describe the situation.

面接委員: それでは、図 B の男の子を見てください。場面を描写してください。

Examinee: He can't open his umbrella because he's carrying many things.

受験者: 彼は色々な物を持っているため、傘を開くことができません。

解説 No. 2と同様に、人物の動作が描かれているので、動作を表す動詞を使って描写します。結論としては「傘を開くことができない」わけですが、その理由を because を使ってシンプルに表現しましょう。「手で持っている」の意味の動詞は carry です。

No. 4

🔈12

Examiner: Do you think junior high schools should have more cooking classes for their students?

面接委員: 中学校は学生のために料理の授業を増やすべきだと思いますか。

Examinee A: Yes. → Why?
Cooking is an important skill for people. They can learn how to make healthy meals.

受験者 A: はい。 → どうしてですか。
料理は人々にとって重要な技術です。健康的な食事の作り方を学ぶことができます。

Examinee B: No. → Why not?
Students need to spend more time on other subjects. They can learn how to cook at home.

受験者 B: いいえ。 → どうしてですか。
生徒は他の科目のためにもっと時間を使う必要があります。料理の仕方は家庭で学ぶことができます。

解説　質問の前に please turn over the card and put it down（問題カードを裏返して置いてください）という指示があるのでそれに従います。ここから問題カードとは関係のない質問がされますが、聞き取れなかったときは Could you repeat it, please? と聞き返しましょう。Yes か No か自分の意見を述べたら、その理由を 2 文程度で説明してください。

No. 5

13

Examiner: Today, there are many convenience stores in Japan. Do you often use these stores?

面接委員: 今日では、日本にはコンビニエンスストアがたくさんあります。あなたはよく使いますか。

Examinee A: Yes. → Please tell me more.
I often go to a convenience store near my home. It sells many different kinds of drinks and sweets.

受験者 A: はい。 → もっと話してください。
家の近くにあるコンビニエンスストアによく行きます。そこではたくさんの種類の飲み物やお菓子が売られています。

Examinee B: No. → Why not?
Things at convenience stores are usually expensive. I go shopping at the supermarket.

受験者 B: いいえ。 → どうしてですか。
コンビニエンスストアの品物はたいてい値段が高いです。私はスーパーで買い物をします。

解説　Yes か No かのどちらかを問う疑問文です。どちらの返答でもさらに説明を求められますので、指示に従ってください。ここでも 2 文程度で答えれば十分です。あせらずに、名詞の単数・複数の区別、Be 動詞の形、動詞の三単現、語順などの基本に注意して文を作りましょう。

DAY 1
ミニ模試

筆記試験・リスニングテスト

今日の課題

筆記試験 1 短文の語句空所補充 …… 5 問
筆記試験 2 長文の語句空所補充 …… 2 問
筆記試験 3 長文の内容一致選択 …… 3 問
リスニングテスト 第 1 部 会話の応答文選択 …… 2 問
リスニングテスト 第 2 部 会話の内容一致選択 …… 2 問
リスニングテスト 第 3 部 文の内容一致選択 …… 2 問

［目標解答時間：15 分＋リスニング］

筆記試験

目標解答時間 ＞ 15 分

1 次の（1）から（5）までの（　　　）に入れるのに最も適切なものを 1, 2, 3, 4 の中から一つ選びなさい。

（1） A: I cooked yesterday, so it's your (　　　) to cook tonight, Phil.
B: Yes, I know.

1 victory　**2** cover　**3** turn　**4** lie

（2） The street outside Lisa's apartment building is very (　　　). It is only wide enough for one car, and trucks cannot enter at all.

1 balanced　**2** careful　**3** narrow　**4** suitable

（3） Sarah's grades were not very good last year, but she studied hard and (　　　) them. Her parents were surprised that her grades became so much better this year.

1 destroyed　**2** located　**3** improved　**4** selected

（4） A: How have you been since you retired from work, Jack?
B: Well, sometimes I feel bored, but it's nice to be (　　　) worries about work now.

1 sorry for　**2** good at　**3** found in　**4** free from

（5） Today, Alice went to the library to study with her friends. They stayed there (　　　) their homework until 5 p.m.

1 do　**2** did　**3** doing　**4** done

2 次の英文を読み、その文意にそって（**6**）から（**7**）までの（　　　）に入れるのに最も適切なものを **1**, **2**, **3**, **4** の中から一つ選びなさい。

Study Abroad

Taro is a high school student who wanted to study abroad in Australia. He asked his parents, but they said no. They（ **6** ）. They thought that Taro could not speak English very well, so he would have many problems. He told them that he really wanted to go abroad because he wanted to learn English and make new friends from other countries. His parents finally decided to let him study abroad for a year.

In Australia, Taro tried very hard to communicate with his classmates. At first, it was not easy, and he needed to use his dictionary often. However, he kept practicing and spoke with his classmates every day. After a few months, he began to（ **7** ）. He did not need to use his dictionary anymore, which made it easier for him to talk to people. He made many friends, and by the time he returned to Japan, he was happy with his success.

（**6**）
1 started studying English
2 were worried about him
3 did not like Australia
4 did not have much money

（**7**）
1 watch TV shows
2 miss his parents
3 call his school
4 speak English well

3 次の英文の内容に関して、(8)から(10)までの質問に対して最も適切なもの、または文を完成させるのに最も適切なものを1, 2, 3, 4の中から一つ選びなさい。

From: Ellen Cole <ellen-cole@abcweb.com>
To: Paul Clark <p.clark6@raymail.com>
Date: October 7
Subject: Pie-baking contest

Hi Paul,
How was your science test last week? I remember you said you were having trouble with that subject and were studying a lot for it. Well, last week was good for me. Our class had a math test. It was easy, and I got an A on it. Also, since we had our school festival, our teacher didn't give us much homework.
By the way, my brother is a really good baker, and he owns a bakery in Timbertown. Next weekend, he is going to take part in a pie-baking contest at Riverfront Park. There will be about 30 bakers in the contest. The winner will go to the national contest in Washington, D.C.
During the contest, judges will try a bit of pie from each baker and choose a winner at the end of the day. Anyone can go to the contest to try some pie, too. It costs $15 to enter and each person gets five food tickets. They then use those tickets to try pie from five different bakers. I'm planning to go, so call me soon and tell me if you want to come.
Your friend,
Ellen

(8) Last week, Ellen

1 did well on a test at school.
2 visited her friend's school festival.
3 studied hard for her science class.
4 got a lot of homework from her teacher.

(9) What will Ellen's brother do next weekend?

1 He will open a new bakery.
2 He will take part in a contest.
3 He is going to go to Washington, D.C.
4 He is going to bake a pie for his family.

(10) What does Ellen ask Paul to do?

1 Lend her $15 to buy the things she needs to bake a pie.
2 Help the judges to choose the winner of the contest.
3 Tell her if he is interested in going to a pie-baking contest.
4 Call one of the bakers to get some food tickets.

リスニングテスト

◀14 >>> 15

第1部 対話を聞き、その最後の文に対する応答として最も適切なものを、放送される1, 2, 3の中から一つ選びなさい。

No. 1 ～ No. 2（選択肢は放送されます。）

◀16 >>> 17

第2部 対話を聞き、その質問に対して最も適切なものを1, 2, 3, 4の中から一つ選びなさい。

No. 3

1 Invite more friends.
2 Go shopping.
3 Celebrate with Becky later.
4 Bake a cake with him.

No. 4

1 On a bus.
2 On foot.
3 By taxi.
4 By subway.

第3部

英文を聞き、その質問に対して最も適切なものを **1, 2, 3, 4** の中から一つ選びなさい。

No. 5

1 She likes to study foreign languages.
2 She wants to become a Japanese teacher.
3 She is planning to go back to China soon.
4 She will enter an English speech contest next year.

No. 6

1 It is a type of vegetarian salad.
2 It is a drink made from lime juice.
3 People think it is a healthy dish.
4 People in Thailand eat it instead of rice.

正解一覧

筆記試験

1

(1)	(2)	(3)	(4)	(5)
3	3	3	4	3

2

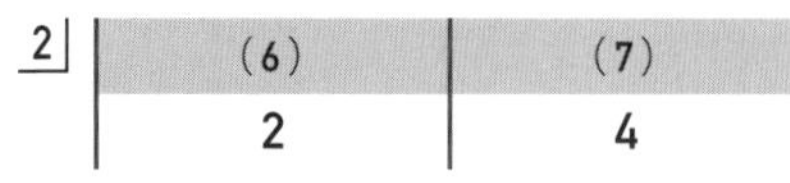

(6)	(7)
2	4

3

(8)	(9)	(10)
1	2	3

リスニングテスト

1

No. 1	No. 2
2	1

2

No. 3	No. 4
3	2

3

No. 5	No. 6
1	3

訳と解説

筆記 1 短文の語句空所補充

(1) 正解 3

訳 A：昨日私が料理したんだから、今夜はあなたの番よ、フィル。
B：うん、分かってるよ。

1 勝利　**2** 覆い　**3** 順番　**4** うそ

解説 昨日料理した人物 A が人物 B に対して今日はあなたの（　　）だと言い、それに人物 B が同意している。料理当番の対話が成立するように空所には 3 turn（順番）を入れる。take turns ～ ing（交代で～する）という表現も覚えておこう。

(2) 正解 3

訳 リサのアパートの外の通りはとても狭い。1 台の車がやっと通れる幅で、トラックはまったく入ることができない。

1 バランスのとれた　**2** 注意深い
3 狭い　**4** ふさわしい

解説 第 2 文で It = The street outside Lisa's apartment building（リサのアパートの外の通り）について、車 1 台がやっと通れる幅しかないとある。こうした内容を 1 語で表現できるのは 3 narrow（狭い）だ。

（3） 正解 3

訳 昨年のセイラの成績はあまり良くなかったが、彼女は一生懸命勉強して成績を上げた。彼女の両親は、彼女の成績が今年ずっと良くなったことに驚いた。

1 破壊した　　2 位置を特定した
3 改善させた　　4 選択した

解説 第1文から成績の悪かったセイラが勉強を頑張ったことが分かり、第2文で彼女の成績が so much better（ずっと良い）という状態になったとある。空所に3を入れると improved them（それら＝成績を改善させた）となり、第2文の内容と一致する。

（4） 正解 4

訳 A：ジャック、定年退職してからどうしてる？
B：うーん、ときどき退屈に感じるけど、今は仕事の心配がないのはすばらしいね。

1 ～が気の毒だ　2 ～が上手い　3 ～で見つかる　4 ～がない

解説 退職したジャックが bored（退屈）だと言っているが、but（しかし）と続けているので、その後で退職したことの良い面を述べているのだと考えられる。空所に4を入れれば free from worries about work（仕事の心配がない）となり、nice（すばらしい）とうまくつながる。

（5） 正解 3

訳 今日、アリスは友だちと勉強するために図書館に行った。彼らは宿題をしながら午後5時までそこにいた。

1 do　2 did　3 doing　4 done

解説 2文とも動詞の過去形が使われているので did を選びたくなるが、and（そして）などの接続詞がない状態で stayed（いた）と did（した）が並列されることはない。現在分詞 doing なら「しながら」という意味で接続詞がなくても stayed ともうまくつながる。

留学

太郎は高校生で、オーストラリアに留学したいと思っていた。彼は両親に頼んだが、彼らはだめだと言った。両親は彼のことが心配だった。彼らは、太郎が英語をあまり上手に話せないので多くの問題を抱えるだろうと思った。彼は、英語を勉強して他の国の新しい友だちを作りたいので、本当に海外に行きたいと思っているのだと彼らに話した。彼の両親はようやく彼を1年間留学させることにした。

オーストラリアで太郎は一生懸命クラスメートとコミュニケーションをとろうとした。最初は簡単ではなかったので、彼は辞書を頻繁に使う必要があった。しかし、彼は練習を続け毎日クラスメートと話した。数ヶ月後、彼は英語を上手に話せるようになった。彼はもう辞書を使う必要がなくなったので、人と話すのがより簡単になった。彼は友だちをたくさん作り、日本に戻る時までには自分の成功に満足していた。

（6） 正解 2

選択肢の訳
1 英語を勉強し始めた
2 彼のことが心配だった
3 オーストラリアが好きではなかった
4 あまりお金を持っていなかった

解説 空所の次の文で They（＝太郎の両親）は Taro could not speak English very well（太郎が英語をあまり上手に話せなかった）ので many problems（多くの問題）を抱えることになると考えていたとある。この内容を簡潔に表している 2 が空所に適合する。

（7） 正解 4

選択肢の訳
1 テレビ番組を見る
2 両親を恋しく思う
3 学校に電話する
4 英語を上手に話す

解説 最初は辞書が手放せずクラスメートと話すのに努力が必要だった太郎について、空所の次の文で He did not need to use his dictionary（彼は辞書を使う必要がなくなった）とあり、人と話すことが easier（より簡単に）なったと述べられている。太郎の英語が上達したと分かるので 4 が正解。

筆記3 長文の内容一致選択

送信者：エレン・コール <ellen-cole@abcweb.com>
宛先：ポール・クラーク <p.clark6@raymail.com>
日付：10月7日
件名：パイ作りコンテスト

こんにちはポール、
先週のあなたの科学のテストはどうだった？　あなたがその教科で苦労していて、そのための勉強をたくさんしていると言っていたのを覚えているわ。さて、先週は私には良い週だったわ。私たちのクラスは数学のテストがあったの。簡単だったからAを取ったわ。それから、学園祭があったから先生が私達にたくさん宿題を出さなかったの。
ところで、私のお兄ちゃんがとても良いパン屋で、ティンバータウンでパン屋を所有しているの。来週末、彼はリバーフロントパークでパイ作りコンテストに参加する予定なのよ。コンテストには約30人のパン屋が参加することになっているわ。優勝すると、ワシントンD.C.の全国大会に行けるそうよ。
コンテストの間、審査員がそれぞれのパン屋のパイを少し試食して、その日の最後に勝者を選ぶことになっているわ。それに、誰でもコンテストに行ってパイを試食できるのよ。入場料は15ドルで、1人当たり5枚の食べ物券がもらえるわ。それで、チケットを使って5つの異なるパン屋のパイを試食するのよ。私は行くつもりだから、すぐに電話して一緒に行くかどうか教えて。
あなたの友人
エレンより

(8) 正解 1

訳 先週、エレンは

1 学校のテストで良い点を取った。
2 友人の学校の学園祭に行った。
3 科学の授業のために一生懸命勉強した。
4 先生からたくさんの宿題を出された。

解説 第1パラグラフ第3文で last week was good for me（先週は私にとって良い週だった）とあり、さらに第5文で I got an A on it（それ＝数学のテストでAを取った）とあるので、1が内容的に一致する。

(9) 正解 2

訳 エレンの兄は来週末に何をするか？

1 新しいパン屋を開店させる。
2 コンテストに参加する。
3 ワシントン DC に行く。
4 家族にパイを焼くつもりだ。

解説 エレンのお兄さんについては第2パラグラフで言及されている。第2文で Next weekend, he is going to take part in a pie-baking contest（来週末、彼はパイ作りコンテストに参加する予定だ）と述べられているので、同じ内容の2が正解。

(10) 正解 3

訳 エレンはポールに何をするように頼んでいるか？

1 パイを焼くために必要なものを買うために、彼女に15ドルを貸す。
2 審査員がコンテストの優勝者を選ぶ手伝いをする。
3 彼がパイ作りコンテストに行くことに興味があるかどうか教える。
4 食べ物券をもらうためにパン屋の1人に電話をする。

解説 第3パラグラフでもパイ作りコンテストについてさらに説明されているが、最終文でエレンはそのコンテストについて I'm planning to go（私は行くつもり）であり、if you want to come（一緒に行くかどうか）を電話で知らせるようにと書いているので、こうした内容をまとめた3が正解。

リスニング 第1部 会話の応答文選択

No. 1

◀14

スクリプト

W: Hi, honey, I'm home.

M: Hi. What took you so long? Did you have to work late again?

W: No, but traffic was really bad.

1 Well, I hope you finished making dinner.

2 Well, please call and tell me next time.

3 Well, I got the car repaired.

訳

女性：ただいま、あなた。

男性：おかえり。何でこんな遅いんだい？ また残業しなきゃいけなかったの？

女性：そうじゃなかったんだけど、本当に渋滞がひどくて。

正解 2

選択肢の訳

1 まあ、夕食を作り終えてると良いんだけど。

2 まあ、次は電話して教えてね。

3 まあ、車を修理しといたよ。

解説

冒頭の I'm home（ただいま）という発言から女性が帰宅したところだと分かる。男性の最初の発言から帰りが遅かった女性を心配していることが分かるので、2 回目の男性の発言として 2 が選べる。

No. 2

◀15

スクリプト

M: Hello, ma'am. Welcome to Fazzio's Italian Grill. Do you have a reservation?

W: I don't. I didn't know I needed one.

M: Well, without a reservation, it's about a 20-minute wait.

1 That's OK. I don't mind waiting.

2 Great. I'll have the seafood salad.

3 No problem. The table by the window is perfect.

訳

男性： いらっしゃいませ。ファッズィオのイタリアングリルへようこそ。ご予約はお済みですか？

女性： いいえ。必要だとは知りませんでした。

男性： ええと、ご予約なしですと20分ほどお待ちいただきます。

正解 1

選択肢の訳

1 大丈夫です。待つのは構いませんよ。

2 それは良かったです。シーフードサラダにします。

3 問題ありません。窓際のテーブルなんて完璧ですね。

解説

レストランの店員と客の会話。女性は予約をしていなかったので、待たざるを得ない状況だ。まだ注文したり着席したりできないはずなので、1が正解。I don't mind ～ing（～するのは構いませんよ）は日常的な表現なので慣れておきたい。

No. 3

◀16

スクリプト **M:** Cindy, why do you look so sad? Aren't you looking forward to your birthday party tomorrow?

W: Yeah, Dad, but Becky can't come. It won't be fun without her.

M: Why don't you celebrate together next week?

W: That's a good idea. I'll call her and ask when she's free.

Question: What does Cindy's father suggest that Cindy do?

訳 **男性：** シンディ、どうしてそんなに悲しそうにしてるんだい？ 明日の誕生日パーティーを楽しみにしているんじゃないのかい？

女性： ええ、お父さん。でもベッキーが来られないのよ。彼女がいなかったら面白くないでしょう。

男性： 来週一緒にお祝いすれば良いじゃないか？

女性： いい考えね。彼女に電話して、いつ時間があるのか聞いてみるわ。

質問： シンディの父親は彼女に何をするように提案しているか。

正解 3

選択肢の訳
1 もっと友だちを招待する。
2 買い物に行く。
3 後でベッキーと祝う。
4 彼と一緒にケーキを焼く。

解説 シンディは明日の誕生日会に友だちのベッキーが来られないことを残念がっているが、それに対して父親は Why don't you celebrate together next week?（来週一緒にお祝いすれば良いじゃないか？）と述べている。同じ内容の 3 が正解。Why don't you ～？（～したらどうですか）は典型的な提案の表現なので覚えておこう。

No. 4

◀17

スクリプト **W:** Oh no! We missed our bus. The movie's going to start in 15 minutes.

M: Well, there's no subway station around here. Should we get a taxi?

W: No. If we hurry, we might be able to walk to the movie theater in time. It's not that far.

M: You're right. Taxis are expensive anyway. Let's go.

Question: How will the couple go to the movie theater?

訳 **女性：** あら、いやだ！ バスに乗れなかったわ。映画は15分後に始まるのに。

男性： うーん、このあたりに地下鉄の駅はないね。タクシーに乗った方がいいかな。

女性： いいえ。急げば、映画館まで歩いて間に合うかもしれないわ。そんなに遠くないのよ。

男性： そうだね。タクシーは高いし。さあ行こう。

質問： 夫婦はどうやって映画館に行くか。

正解 2

選択肢の訳

1 バスで。

2 徒歩で。

3 タクシーで。

4 地下鉄で。

解説 交通手段としてバスもタクシーも地下鉄も全て会話の中で登場するが、we might be able to walk to the movie theater in time（映画館まで歩いて間に合うかもしれない）という女性の最後の発言に男性がYou're right（そうだね）と述べて同意しているので、2を選ぶ。

リスニング 第3部 文の内容一致選択

No. 5

◀18

スクリプト Mei is from China, and she enjoys learning languages. She goes to college in Japan right now and her Japanese is very good. In fact, she won first prize in a Japanese speech contest last month. She is also studying English because she wants to go to Australia after she graduates next year.

Question: What is one thing that we learn about Mei?

訳 メイは中国出身で、外国語を学ぶのが好きだ。彼女は今日本の大学に通っていて、日本語がとても上手だ。実際、彼女は先月の日本語スピーチコンテストで一等を受賞した。彼女は来年卒業したらオーストラリアに行きたいと思っているので英語も勉強している。

質問：私たちがメイについてわかることは何か。

正解 1

選択肢の訳
1 外国語を勉強するのが好きだ。
2 日本語の先生になりたいと思っている。
3 もうすぐ中国に戻る予定だ。
4 来年英語スピーチコンテストに参加する。

解説 中国人のメイについて説明されているが、第1文で she enjoys learning languages（彼女は外国語を学ぶのが好きだ）と述べられているので、その言い換えとして1が正解。メイが出場したのは日本語のスピーチコンテストなので4を選ばないようにしよう。

No. 6

19

スクリプト People in Thailand eat a spicy meat dish called nam tok moo. It is made by mixing grilled pork with lime juice, fish sauce, and lots of herbs and spices. Since nam tok moo has many herbs in it, people think the dish is healthy. It is usually eaten with rice and vegetables.

Question: What is one thing we learn about nam tok moo?

訳 タイの人々はナムトックムーと呼ばれるスパイシーな肉料理を食べる。焼き豚にライムジュースや魚醤、たくさんのハーブとスパイスを混ぜ合わせて作られる。ナムトックムーにはたくさんのハーブが入っているので、人々はこの料理が健康的だと考えている。通常、米と野菜と一緒に食べられる。

質問： ナムトックムーについてわかることは何か。

正解 3

選択肢の訳
1 ベジタリアンサラダの一種だ。
2 ライムジュースから作った飲み物だ。
3 人々は健康的な料理だと思っている。
4 タイの人たちは米のかわりに食べる。

解説 まず、ナムトックムーが肉料理であるという要点を聞き取ろう。細かな説明の中で、the dish is healthy（この料理が健康的である）と人々が考えていると述べられているので、3 が内容的に一致する。

基本動詞使い分けクイズ 1

英検では簡単な動詞を含んだ表現についての問題がよく出題されます。間違いやすい基本動詞の使い分けを問うクイズに挑戦して、得点力アップをはかりましょう。日本語の意味に合うように枠の中から動詞を1つ選んで下の文の空所に入れてください。必要に応じて適切な形に直しましょう。

break	**call**	**come**	**get**	**give**	**go**
keep	**look**	**make**	**put**	**take**	**turn**

1 馴染みのない単語は何でも辞書で調べなさい。

_______ up any unfamiliar words in the dictionary.

2 セーラは新しい製品のための良いアイディアを思いついた。

Sarah _______ up with a nice idea for a new product.

3 オリンピックは 4 年ごとに開催される。

The Olympics _______ place every four years.

4 私たちの家族は引っ越す前に古い家具を処分した。

Our family _______ rid of our old furniture before moving out.

5 メアリーは何度もジョンのプロポーズを断った。

Mary _______ down John's proposal again and again.

6 戦争が勃発した時、私の祖父は 10 歳だった。

My grandfather was ten years old when the war _______ out.

7 子どもたちは寝る前に自分のおもちゃを片付けた。

Children _______ away their toys before going to bed.

8 その美しい花々は良い香りを放つ。

The beautiful flowers _______ off a very nice smell.

答え　1 Look　2 came　3 take　4 got　5 turned　6 broke　7 put　8 give

DAY 2
ミニ模試

筆記試験・リスニングテスト

今日の課題

筆記試験 1 短文の語句空所補充 ……… 5問
筆記試験 2 会話文の文空所補充 ……… 2問
筆記試験 3 長文の内容一致選択 ……… 4問
リスニングテスト 第1部 会話の応答文選択 ……… 2問
リスニングテスト 第2部 会話の内容一致選択 ……… 2問
リスニングテスト 第3部 文の内容一致選択 ……… 2問

[目標解答時間：20分+リスニング]

筆記試験

目標解答時間 > **20分**

1 次の（1）から（5）までの（　　　）に入れるのに最も適切なものを 1, 2, 3, 4 の中から一つ選びなさい。

（1） A: Does the price of the hotel room (　　　　) breakfast?
B: No, I'm afraid not, but you can add breakfast for an extra $10.

1 trust　**2** bother　**3** include　**4** observe

（2） Vanessa is a successful (　　　　) at a large automobile company. She helps design and build new cars.

1 author　**2** pilot　**3** lawyer　**4** engineer

（3） The president has decided to (　　　　) problems with the environment in his speech tomorrow. He will not have time to talk much about other subjects.

1 focus on　**2** apply for　**3** come from　**4** hold up

（4） Greg read the manual for his new camera for an hour, but he could not (　　　　) of it. In the end, he called the company and asked how to use it.

1 lose control　**2** make sense
3 take care　**4** get tired

（5） A: Do you think it's fair (　　　　) Jenny can come to work late every day?
B: She has to drive her children to school in the morning, so I think it's fair.

1 whom　**2** which　**3** what　**4** that

2 次の二つの会話文を完成させるために、(**6**) から (**7**) に入るものとして最も適切なものを **1, 2, 3, 4** の中から一つ選びなさい。

(**6**) A: Tanya, I didn't see you at Adam's party last weekend. Where were you?
B: Oh, (**6**), so I couldn't go.
A: Really? Where did you go?
B: We went to Hawaii. My parents and I went swimming every day.

1 I went to school　　**2** I went on a family trip
3 my mother visited me　　**4** my train was late

(**7**) A: Excuse me. Can you tell me how to get to the Hillbury Art Museum?
B: Sure. You should take the No. 50 bus over there.
A: Is the museum really that far? I thought (**7**).
B: It's possible, but it takes 45 minutes if you go on foot.

1 I could take the train　　**2** I could walk
3 it was near here　　**4** it was a different bus

3 次の英文の内容に関して、(8)から(11)までの質問に対して最も適切なもの、または文を完成させるのに最も適切なものを **1, 2, 3, 4** の中から一つ選びなさい。

White Rhinoceros Hero

The white rhinoceros lives in southern Africa and is one of the largest animals in the world. In the past, a lot of people believed that rhinoceros horns* had special powers, so the horns were used for medicine. As a result, many white rhinoceroses were killed. Scientists were worried that all the white rhinoceroses in the world would die. However, a man named Ian Player worked to save the white rhinoceros.

Player was born in South Africa in 1927. He loved sports, and in 1951, he took part in a special boat race. Although he traveled over 120 kilometers along a river, there were fewer wild animals than he thought he would see. He decided to do something to protect the animals living in South Africa. A year later, he started working at a national park called the Imfolozi Game Reserve, where he looked after wild animals.

The Imfolozi Game Reserve was set up in 1890 because people were worried about the small number of white rhinoceroses that were left. When Player arrived in 1952, there were only about 430 white rhinoceroses, and hunters were still killing them. Player began a breeding* program called "Operation Rhino" with zoos around the world. Thanks to the zoos' hard work, the number of white rhinoceroses quickly went up. Some of the young rhinoceroses were returned to the park.

At first, many local people did not like Player's program. Farmers often said that rhinoceroses killed their cows, sheep, and other animals, so they lost money. However, Player showed them that saving white rhinoceroses could help humans, too. He encouraged tourists to visit Imfolozi to see the rhinoceroses and other wild animals. As a result, more and more people began to pay money to go on tours, stay in hotels, and eat at restaurants in the area. This has helped people understand the value of white rhinoceroses.

*horns: 角　*breeding: 繁殖

(8) Why were white rhinoceroses being killed?

1 People thought that killing rhinoceroses would give them special powers.
2 People wanted a part of them so that they could make medicine.
3 Their meat could be used to feed a large number of people.
4 They caused many problems and killed a number of people.

(9) Ian Player began to work at the Imfolozi Game Reserve because he

1 was worried about how few wild animals were left in South Africa.
2 enjoyed working outdoors and riding his boat along a river.
3 could live in South Africa and join more boat races there.
4 wanted a chance to play with many different kinds of animals.

(10) What did Player do at the Imfolozi Game Reserve?

1 He taught people in the area the best way to hunt white rhinoceroses.
2 He learned special skills to take care of sick white rhinoceroses.
3 He started a program with zoos around the world to save white rhinoceroses.
4 He sold 430 white rhinoceroses to get money to protect the animals in the reserve.

(11) Player taught local people that

1 white rhinoceroses were used to save many people's lives.
2 there were many ways to stop rhinoceroses from killing farm animals.
3 they could make money if tourists came to see the white rhinoceroses.
4 people could use other types of animals to make medicine.

リスニングテスト

◀20 >>> 21

第1部 対話を聞き、その最後の文に対する応答として最も適切なものを、放送される 1, 2, 3 の中から一つ選びなさい。

No. 1 ～ No. 2（選択肢は放送されます。）

◀22 >>> 23

第2部 対話を聞き、その質問に対して最も適切なものを 1, 2, 3, 4 の中から一つ選びなさい。

No. 3

1 Help the man.
2 Go to the theater.
3 Watch a movie.
4 Find the police station.

No. 4

1 He went outside with his brother.
2 He went to volleyball practice.
3 He is out with his dog.
4 He is watching a game on TV.

24 >>> 25

第3部

英文を聞き、その質問に対して最も適切なものを **1, 2, 3, 4** の中から一つ選びなさい。

No. 5

1 They are very dangerous.
2 They are afraid of humans.
3 People sometimes eat them.
4 People like to keep them as pets.

No. 6

1 He left their sandwiches on a bus.
2 He forgot to buy tickets for the zoo.
3 He damaged the bus seat.
4 He lost their lunch money.

解答・解説

正解一覧

筆記試験

1

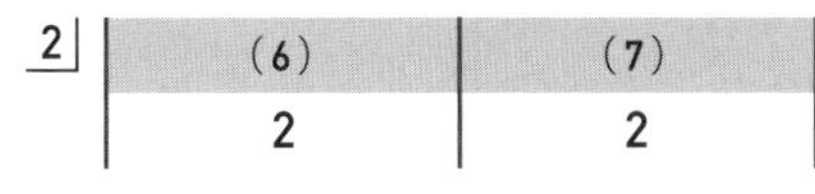

(1)	(2)	(3)	(4)	(5)
3	4	1	2	4

2

(6)	(7)
2	2

3

(8)	(9)	(10)	(11)
2	1	3	3

リスニングテスト

1

No. 1	No. 2
3	2

2

No. 3	No. 4
4	3

3

No. 5	No. 6
1	1

訳と解説

筆記 1 短文の語句空所補充

(1) 正解 3

訳 A：ホテルの部屋の値段には朝食が含まれていますか？
B：いいえ、申しわけありませんが含まれておりません。しかし、プラス 10 ドルで朝食を追加できます。

1 信頼する　2 悩ます　3 含む　4 観察する

解説 ホテルの客と思われる A の質問に対して、B が No（いいえ）と答えている。続いて追加料金を払えば you can add breakfast（朝食を追加できる）と言っているので、A が知りたかったのはホテルの料金に朝食が含まれているのかどうかだったのだと考えられる。

(2) 正解 4

訳 ヴァネッサは大手自動車会社のやり手エンジニアだ。彼女は新車の設計と製造の手助けをしている。

1 著者　2 パイロット　3 弁護士　4 エンジニア

解説 第 1 文からヴァネッサが自動車会社で働いていることが分かり、第 2 文で彼女は新車の design and build（設計と製造）の手助けをしているとある。こうした内容の職業は 4 engineer（エンジニア）だ。

(3) 正解 1

訳 大統領は明日のスピーチで環境問題に焦点を当てることにした。彼が他の話題についてたくさん話す時間はないだろう。

1 ～に焦点を当てる　2 ～に申し込む
3 ～の出身だ　4 ～を遅らせる

解説 明日スピーチをする大統領について、第2文で time to talk much（たくさん話す時間）はないだろうと述べられている。彼は話す内容を絞ろうとするはずなので、1が正解。

(4) 正解 2

訳 グレッグは新しいカメラのマニュアルを1時間読んだが理解できなかった。結局、彼はその会社に電話をかけてその使い方を質問した。

1 制御できない　2 理解する　3 世話をする　4 飽き飽きする

解説 グレッグが新しいカメラを入手したことを押さえる。第2文で製造会社に電話をして asked how to use it（その使い方を質問した）とあるので、第1文は it つまり the manual for his new camera（新しいカメラのマニュアル）が理解できなかったという内容だと考えるのが自然だ。make sense of ～は「～を理解する」という意味で understand の類義語だ。

(5) 正解 4

訳 A：ジェニーが毎日職場に遅刻してくるのは無理もないことだと思う？
B：彼女は朝に子供を車で学校に送り届けないといけないから、無理もないことだと思うよ。

1 whom　2 which　3 what　4 that

解説 空所の前に仮主語の it が登場することに注目し、この it を受けるものとして that を選ぶ。そうすれば that 以下の Jenny can come to work late every day（ジェニーが毎日職場に遅刻してくる）という内容をあなたは fair（無理もない）と考えるかと A が B に問う形になり、対話が完成する。

筆記2 会話文の文空所補充

（6） 正解 2

訳 A：ターニャ、先週末にアダムのパーティーで見かけなかったけど、どこにいたの？

B：ああ、家族旅行に行ってたから、行けなかったのよ。

A：そうなの？ どこに行ったの？

B：ハワイに行ったわ。両親と私は毎日泳ぎに行ったのよ。

1 学校に行ってた　　2 家族旅行に行ってた

3 母が私のところにきた　　4 電車が遅れた

解説 2回目の発言でAがWhere did you go?（どこに行ったの？）と尋ねているので、その前のBの発言として2が選べる。これなら会話前半で言及されているアダムのパーティーに行けなかった理由としても合致する。

（7） 正解 2

訳 A：すみません。ヒルベリー美術館への行き方を教えてくれませんか。

B：もちろん構いませんよ。向こうの50番バスに乗ってください。

A：美術館は本当にそんなに遠いのですか。私は歩いて行けると思っていました。

B：それも可能ですが、歩いたら45分かかりますよ。

1 電車に乗れる　　2 歩いて行ける

3 この近くだった　　4 別のバスだった

解説 美術館へ行こうとしているAがバスに乗ってくださいとBに言われ、ここからthat far（そんなに遠い）なのかと聞き返している。つまり、Aは美術館がもっと近くにあると思っていたということだが、3だとその後のBの発言とうまくつながらない。2ならBのif you go on foot（歩いたら）という表現とも呼応するので、これが正解。

シロサイのヒーロー

シロサイは南部アフリカに生息し、世界で最も大きい動物の1つだ。かつて多くの人がサイの角には特別な力があると信じていて、その角は薬に使われた。その結果、多くのシロサイが殺された。科学者たちは、世界中のシロサイがすべて死に絶えてしまうのではないかと心配した。しかし、イアン・プレイヤーという男がシロサイを救うために活動した。

プレイヤーは1927年に南アフリカで生まれた。彼はスポーツが大好きで、1951年には特別なボートレースに参加した。彼は河川上を120キロメートル以上移動したが、彼が期待していたよりも少ない数の野生動物しか目にしなかった。彼は南アフリカに住む動物を保護するために何かしようと決意した。1年後、彼はインフォロジ動物保護区と呼ばれる国立公園で働き始め、そこで野生動物の世話をした。

人々が生き残ったシロサイの数が少ないことを心配して、1890年にインフォロジ動物保護区が設立された。プレイヤーが1952年にやって来たとき、およそ430頭のシロサイしかいなかったが、ハンターはそれでもサイを殺していた。プレイヤーは世界中の動物園と「サイ作戦」と呼ばれる繁殖計画を始めた。動物園の大変な努力のおかげで、シロサイの数はすぐに増えた。若いサイの一部は公園に戻された。

当初、多くの地元の人たちはプレイヤーの計画が気に入らなかった。農場主はサイが自分たちの牛や羊などの動物を殺すので損をしていると言うことが多かった。しかし、プレイヤーは彼らにシロサイを保護することが人間の役にも立つことを示した。彼はサイなどの野生動物を見るためにインフォロジを訪れるよう観光客に勧めた。その結果、ツアーに行ったり、ホテルに泊まったり、その地域のレストランで食事をしたりするためにお金を払うようになる人が増え始めた。こうしたことは人々がシロサイの価値を理解するのに役立った。

（8） 正解 2

訳 なぜシロサイが殺されていたのか。

1 人々はサイを殺すことは彼らに特別な力を与えるだろうと考えていた。
2 人々は薬を作ることができるようにサイの体の一部を欲しがっていた。
3 彼らの肉を、大勢の人々を養うために使うことができた。
4 サイたちは多くの問題を引き起こし、多くの人々を殺害した。

解説 第1パラグラフ第2文でかつてはシロサイの角には special powers（特別な力）があると信じられ、そのため角は used for medicine（薬に使われていた）と述べられている。この角を a part of them（サイの体の一部）と言い換えた2が正解。

（9） 正解 1

訳 イアン・プレイヤーがインフォロジ動物保護区で働き始めた理由は、彼が

1 南アフリカに残っている野生動物があまりにも少ないことを心配したからだ。
2 野外で働いて、船で川を行き来することが気に入ったからだ。
3 南アフリカに住み、そこでもっと多くのボートレースに参加することができたからだ。
4 いろいろな種類の動物と遊ぶ機会を望んでいたからだ。

解説 第2パラグラフ第3文で彼がボートで河川を移動中に予想していたのよりも fewer wild animals（少ない数の野生動物）しか見かけなかったとあり、その結果続く第4文で to protect the animals（野生動物を保護すること）を目的に何かしようと決意したとあるので、内容的に1が一致する。

(10) 正解 3

訳 プレイヤーはインフォロジ動物保護区で何をしたか。

1 その地域の人々にシロサイを狩猟するための最善の方法を教えた。
2 病気のシロサイの世話をするための特別な技術を学んだ。
3 シロサイを救うために世界中の動物園との共同計画を始めた。
4 保護区の動物を保護するための資金を稼ぐために430頭のシロサイを売った。

解説 第3パラグラフ第3文でプレイヤーは zoos around the world (世界中の動物園) と協力して、「サイ作戦」という a breeding program (繁殖計画) を始めたとあり、第4文でその結果シロサイの数は増えたとあることから、3が正解。

(11) 正解 3

訳 プレイヤーが地元の人々に教えたのは

1 多くの人々の命を救うためにシロサイが使用されることだ。
2 サイが家畜を殺さないようにする方法はたくさんあるということだ。
3 観光客がシロサイを見に来ると彼らはお金を稼ぐことができることだ。
4 薬を作るために他の種類の動物を使うことができることだ。

解説 第4パラグラフ第4文に彼 (=プレイヤー) はサイなどの野生動物を見るためにインフォロジを訪れるように観光客に勧めたとあり、続く第5文では現地で more and more people began to pay money to go on tours (お金を払うようになる人が増え始めた) と述べられている。こうした内容の言い換えとして3が選べる。

リスニング 第1部 会話の応答文選択

No. 1

◀20

スクリプト

W: I heard that you're writing a book, Howard.
M: Yeah. It's an adventure story. I'm almost finished with it.
W: Wow, that's great! What are you going to call it?

1 My book came out last month.
2 I've always wanted to be a writer.
3 I haven't thought of a name yet.

訳

女性：ハワード、本を書いてるんですってね。
男性：うん。冒険物語でね。完成間近だよ。
女性：あら、それはすごいわ！ 何ていう題名？

正解 3

選択肢の訳

1 先月僕の本が出たんだ。
2 今までずっと作家になりたいと思ってたんだ。
3 まだ題名は思いついてないんだ。

解説

女性が What are you going to call it?（何ていう題名？）と尋ねているが、その返事としてもっともふさわしいのは3だ。「have not 過去分詞 yet」で「まだ～していない」の意味。現在完了の表現に慣れておこう。

No. 2

◀21

スクリプト **W:** Can you check my history paper for mistakes, Dad?

M: I can, but maybe you should ask your mom first.

W: Why is that, Dad?

1 She doesn't like history very much.

2 She knows more about history than I do.

3 She's really busy today.

訳 **女性**：お父さん、私の歴史のレポートに間違いがないか見てもらえるかしら？

男性：いいけど、もしかすると最初に母さんに頼んだ方がいいかもね。

女性：それは何で、お父さん？

正解 2

選択肢の訳 **1** 母さんは歴史があまり好きじゃないんだ。

2 母さんは父さんよりも歴史に詳しいんだ。

3 母さんは今日本当に忙しいんだ。

解説 歴史の授業の課題を見てもらいたい娘が父親から母親に頼んだ方がいいと言われているが、その理由として適合するのは 2 だ。登場人物の関係を把握したら you や I や she などの代名詞が誰を指しているのか正確に把握するようにしよう。

リスニング 第2部 会話の内容一致選択

No. 3

◀22

スクリプト

M: Excuse me, you seem to be lost. Can I help you?
W: Yes, I'm looking for the police station.
M: It's just around that corner, next to the movie theater.
W: Oh, I see. Thank you very much.
Question: What does the woman want to do?

訳

男性：すみませんが、道に迷っているようですね。いかがなさいましたか？
女性：はい、私は警察署を探しているんですが。
男性：その角を曲がったところの、映画館の隣です。
女性：ああ、なるほど。どうもありがとうございます。
質問：女性は何をしたいのか。

正解 4

選択肢の訳

1 男性を助ける。
2 劇場に行く。
3 映画を見る
4 警察署を見つける。

解説

道に迷った女性が男性にI'm looking for the police station.（警察署を探しているんですが）と言っているので、同じ意味の4が正解。be lostは「道に迷っている」という意味の日常表現。

No. 4

◀23

スクリプト **M:** Hello?

W: Hello, Mr. Carter. This is Claire. May I speak to Eric, please?

M: Hi, Claire. He's out walking his dog at the moment.

W: Oh. Could you ask him to call me back? I want to talk to him about tomorrow's volleyball game.

M: Sure. I'll tell him when he comes back.

Question: Why can't Eric speak to Claire now?

訳 **男性：**もしもし。

女性：もしもし、カーターさん。私はクレアです。エリックと話せますか。

男性：こんにちは、クレア。彼はちょうど犬を散歩させているところなんだ。

女性：あら。私に折り返し電話してくれるように頼んでいただけますか。明日のバレーボールの試合について伝えたいことがあるんです。

男性：もちろんいいですよ。 彼が戻ってきたら、伝えておきます。

質問：エリックはどうして今クレアと話せないのか。

正解 3

選択肢の訳 **1** 兄と一緒に外出した。

2 バレーボールの練習に行った。

3 犬と一緒に出かけている。

4 テレビで試合を見ている。

解説 明日のバレーボールについての会話をしているが、それに気を取られないようにしよう。質問ではあくまでエリックの今の状況が問われているので、男性の He's out walking his dog（彼はちょうど犬を散歩させているところだ）という発言と同じ意味の 3 が正解。

No. 5

24

スクリプト Bulldog ants are a kind of ant found in Australia. They usually eat fruits, seeds, and smaller insects. Bulldog ants are the most dangerous kind of ant in the world. They are not afraid of humans and sometimes bite people. People can get very sick from their bites.

Question: What is one thing that we learn about bulldog ants?

訳 ブルドッグアリはオーストラリアで見つかるアリの一種だ。彼らは通常果物や種、小さな虫を食べる。ブルドッグアリは世界で最も危険な種類のアリだ。彼らは人間を恐れず、時には人を噛むことがある。彼らに噛まれると、人は非常に具合が悪くなることがある。

質問： ブルドッグアリについて分かることは何か。

正解 1

選択肢の訳
1 とても危険だ。
2 人間を恐れる。
3 人が時々食べる。
4 人はペットとして飼うのが好きだ。

解説 Bulldog ants（ブルドッグアリ）という生き物の名前に聞き覚えがないかもしれないが、a kind of ant（アリの一種）や dangerous（危険な）という表現からその特徴が把握できるだろう。2 は本文中の They are not afraid of humans（彼らは人間を恐れない）と正反対の意味だが、うっかり not を聞き逃さないように気をつけよう。

No. 6

◀25

スクリプト Peggy took her brother Matt to the zoo last Saturday. They made sandwiches to take for lunch and took the bus there. After they arrived, Matt noticed he did not have their lunch bag. He had put it on the bus seat and forgotten it there. Luckily, Peggy had enough money to buy lunch for them at the zoo's restaurant.
Question: What was Peggy's brother's problem?

訳 ペギーは先週の土曜日に弟のマットを動物園に連れて行った。彼らは昼食用にサンドイッチを作り、そこまでバスに乗っていった。2人が到着してから、マットは2人の昼食が入ったバッグを持っていないことに気づいた。彼はそれをバスの座席に置き忘れてしまったのだ。幸いなことに、ペギーは動物園のレストランで自分たちの昼食を買うのに十分なお金を持っていた。
質問：ペギーの弟の問題は何だったか。

正解 1

選択肢の訳
1 バスにサンドイッチを置き忘れた。
2 動物園の入場券を買い忘れた。
3 バスの座席を傷つけた。
4 昼食代をなくした。

解説 ペギーの弟のマットの動作として he did not have their lunch bag（昼食が入ったバッグを彼が持っていない）や He had put it on the bus seat and forgotten it there（彼はそれをバスの座席に置き忘れてしまった）と述べられているので、この内容を簡潔にまとめた1が正解。動詞 leave にはいろいろな意味があるが、ここでは「（物を）置き忘れる」の意味。

DAY 3 ミニ模試

英作文

今日の課題

- 英作文問題 ……… 1問
- 英作文上達トレーニング

▶トレーニング 1
▶トレーニング 2

[目標解答時間：20 分]

英作文

目標解答時間 ＞ 20 分

- あなたは、外国人の知り合いから以下の QUESTION をされました。
- QUESTION について、あなたの意見とその理由を 2 つ英文で書きなさい。
- 語数の目安は 50 語～ 60 語です。
- 解答が QUESTION に対応していないと判断された場合は、0 点と採点されることがあります。QUESTION をよく読んでから答えてください。

QUESTION

Do you think it is better for students to study alone or in a group?

「早わかりガイド」では英作文問題の採点基準と解答作成の手順を確認して、例題を使って実際に解答を書いていただきました。思ったより簡単だと感じたはずです。ここからはいよいよ演習に入ります。「英作文上達トレーニング」への取り組みを通して、答案作成力を磨いていきましょう。

MEMO

トレーニング1

いきなり英語で書き始めようとしても行き詰まってしまいます。3つのStepで着実に解答を作成していきましょう。高評価される解答にするには、問題の指示を確認しながら内容について考え、決まったパターンの英文を書くのが鉄則です。

Step 1 自分の意見を決めよう!

英作文の問題では、必ず「あなたの考え」を書くように指示されます。この問題で問われているのは、勉強するならひとりと集団のどちらが良いのかです。直感で構いませんので、どちらか1つを選びましょう。

QUESTION
Do you think it is better for students to study alone or in a group?

質問の訳
学生がひとりで勉強するのと集団で勉強するのとではどちらが良いと思うか。

Step 2 理由を書き出してみよう!

問題の指示文には、あなたの考えについて「その理由を2つ」書くようにとあります。Step 1 で選んだ自分の意見の理由を少し多めに5つ挙げてみましょう。この段階では日本語で構いません。

● [ひとり / 集団] で勉強した方が良い

理由

1
2
3
4
5

Step 2 の記入例

Step 1 で決めた自分の意見について、その理由を 5 つ挙げられましたか？ ひとりの場合と集団の場合の両方で、選ぶ理由として考えられるものを下に 10 個列挙します。皆さんが考えた理由やそれに近いものを探してみましょう。

● ひとりで勉強した方が良い

理由

1 自分のやりたい科目を勉強できる
2 勉強のペースや分量を自分で決められる
3 好きなものを好きなだけ深く勉強できる
4 友だちと議論したければSNSを使えばよい
5 たくさんの本を持ち歩かなくて良い
6 友だちと勉強すると話をしてしまう
7 友だちと勉強すると気を使ってしまう
8 移動時間が無駄
9 勉強に没頭すると自分の世界に入り込むから、友だちと勉強する意味がない
10 ひとりで勉強した方が効率が良い

● 集団で勉強した方が良い

理由

1 友人の勉強をする姿を見て刺激を受ける
2 友人と議論ができる
3 議論から学ぶことが多い
4 ひとりだとだらける
5 ひとりで長時間勉強すると精神的に追い込まれる
6 ひとりで勉強するとすぐ飽きてしまう
7 ひとりで勉強しようとしても、ゲームをしてしまう
8 ひとりで勉強しても集中できない
9 学習習慣が身につきやすい
10 ひとりだと勉強の内容が偏りがち

Step 3 自分の解答をまとめよう！

最後に、Step 1 と Step 2 で考えた内容を入れながら解答を作ります。1文ずつ英語で書いていきましょう。それぞれの理由について具体例や補足説明を補いながら2文で書く必要があるので、5つ挙げた中から内容的に書きやすいものを2つ選んでください。定型表現も上手く使いながら自分の解答を完成させましょう。

第1文 自分の意見

______________________________.

第2文 理由 1a

First, ______________________________.

第3文 理由 1b

______________________________.

第4文 理由 2a

Second, ______________________________.

第3文 理由 2b

______________________________.

Step 3 の記入例

2つの意見で書かれた解答例を見てみましょう。**Step 2** で挙げられた理由の中から2つを採用して書かれています。シンプルな表現だけでもきちんと解答できるんだ、ということを確認してください。

●「ひとりで勉強した方が良い」の場合

解答例1 （理由1と5）

I think studying alone is better. First, when they study alone, students can study any subject that they want. They do not have to care about friends. Second, when they study alone in their room, they do not have to carry heavy books with them. All they need is on the bookshelf. (52語)

解答例訳

ひとりで勉強する方が良いと思います。第一に、ひとりで勉強すると生徒が好きな科目を勉強できます。友だちを気にする必要がありません。第二に、自分の部屋でひとりで勉強する際、重い本を持ち歩かなくて済みます。必要なものは全て本棚にあります。

●「集団で勉強した方が良い」の場合

解答例2 （理由9と8）

I think studying in a group is better. First, the schedule is fixed when students study in a group. It is helpful in developing their study habits. Second, they have difficulty in keeping focus on their study when they study alone. They get bored easily and start to read comics. (50語)

解答例訳

集団で勉強する方が良いと思います。第一に、学生が集団で勉強するとスケジュールが固定されます。このことは、学習習慣を身に付けるのに役立ちます。第二に、ひとりで勉強すると勉強に集中することが難しいです。すぐに飽きてマンガを読み始めてしまいます。

トレーニング 2

トレーニング 1 では 3 つの Step で決められたパターンに従って解答を作成してみました。そうすることで「内容」と「構成」の採点基準を満たした解答が出来上がったはずです。ここでは 1 つ 1 つの英文を作る訓練をしましょう。左ページの文は Step 2 で列挙した理由に文字数を稼ぐために内容的な肉付けをしたものです。これを見て右ページの英語の文がすぐに書けるようになるまで何度も練習しましょう。POINT では表現や文法に関する要点を説明しましたので、残りの採点基準である「語い」と「文法」についても意識して取り組みましょう。

● ひとりで勉強した方が良い

1 学生は自分が望む科目を勉強できる。友だちを気にしなくて良い。

2 学生は最終的に理解するまで何度でも教科書を読める。友だちを気にしなくてよい。

3 学生は好きなことを好きなだけ深く勉強できる。例えば、好きなだけたくさんの歴史の本を読める。

4 たとえ学生が友だちと議論する必要があったとしても、彼らに会う必要はない。SNS を使うことができる。

1 Students can study any subject that they want. They do not have to care about friends.

POINT **any ～「どんな～でも」。any が肯定文で使われるとこのような意味になる。care about ～「～を気にする」**

2 Students can read textbooks many times until they finally understand them. They do not have to care about their friends.

POINT **many times「何回も」。do not have to V「V しなくてよい、V する必要はない」。**

3 Students can study what they like as deeply as they like. For example, they can read as many history books as they like.

POINT **what S V「S が V すること / もの」。as ～ as S like「S が好きなだけ～」**

4 Even if students need to discuss something with friends, there is no need to meet them. They can use SNS.

discuss「～を議論する」。discuss は他動詞なので、直後に目的語となる名詞が来る。about などの前置詞は不要。

5 自分の部屋でひとりで勉強する際、学生はたくさんの本を持ち歩かなくて良い。彼らが必要な全てのものは部屋の本棚にある。

6 集団で勉強すると学生たちはしばしば友だちと話をし始めてしまう。勉強に集中できない。

7 集団で勉強すると学生たちは時として友だちを気にしすぎる。勉強に集中できない。

8 すべき勉強が本当に多いときには時間の管理が大切だ。学生は友だちに会いに行くことで時間を無駄にすべきではない。

9 本当に勉強に熱中すると、学生たちは自分の世界に入り込む。友だちと勉強する意味はない。

10 ひとりで勉強する方が効率が良い。学生たちはペースを友人に合わせなくて良い。

5 When they study alone in their room, students do not have to carry heavy books with them. All they need is on the bookshelf.

POINT **carry ～ with …(主語の目的格 me、him など)「～を持ち運ぶ、携帯する」。all they need「彼らが必要な全てのもの」。**

6 When they study in a group, students often start to talk with their friends. They cannot focus on their work.

POINT **focus on ～「～に集中する」。一般的な意味での「勉強」は studies でも work でもどちらでも良い。work は不可算名詞なので複数形 works は不可。**

7 When they study in a group, students sometimes care about friends too much. They cannot focus on their studies.

POINT **care about ～「～を気にする」。focus on ～「～に集中する」。**

8 When there are really a lot of work to do, it is important to manage time. Students should not waste time by going to meet friends.

POINT **manage「管理する」。waste「無駄にする」。by ～ ing「～することによって」。**

9 When they are really involved in their studies, students go into their own world. There is no point in studying with friends.

POINT **be involved in ～「～に夢中になっている」。go into ～「～に入り込む」。There is no point in ～ ing「～することには意味がない」。**

10 It is more efficient to study alone. Students do not have to adjust their pace to their friends.

POINT **It is C to V「V するのは C だ」。efficient「効率的な」。adjust A to B「A を B に調節する」。**

● **集団で勉強した方が良い**

1 友人の勉強をする姿を見て、学生たちはもっと一生懸命勉強したい気分になるかもしれない。もっと一生懸命勉強すれば、より多くのことを成し遂げることになる。

2 集団で勉強していると、学生たちは理解できなかったことをすぐに解決できる。友だちとそのことについて議論ができる。

3 友だちとの議論を通して学ぶことが多い。彼らはお互いに違う視点を発見することになる。

4 ひとりで勉強していると、勉強に集中できるように学生たちは自分で自分をコントロールする必要がある。しかし、そうするのは難しい。

5 ひとりで勉強していると、時として学生たちは精神的に追い込まれる可能性がある。心の健康を害するかもしれない。

6 ひとりで勉強していると、学生はすぐに飽きてしまう。彼らには励ましてくれる人が必要だ。

1 When they see their friends studying, students may feel like working harder. If they work harder, they will achieve more.

POINT **feel like ~ ing「~したい気分だ」。work hard「一生懸命働く / 勉強する」。仕事や勉強を頑張る人は hard worker という。**

2 When they study in a group, students can solve what they do not understand quickly. They can discuss it with their friends.

POINT **in a group「集団で」。discuss「~を議論する」。discuss は他動詞なので、直後に目的語となる名詞が来る。about などの前置詞は不要。**

3 There is much to learn through discussion with friends. They will find a different viewpoint from each other.

POINT **much to V「V すべき多くのこと」。viewpoint「視点、ものの見方」。**

4 When they study alone, students have to control themselves so that they can focus on their work. However, it is difficult to do.

POINT **control oneself「自分をコントロールする」。so that S V「S が V するために」。**

5 When they study alone, students are sometimes likely to be overwhelmed. It may do harm to their mental health.

POINT **be likely to V「V しがちだ」。be overwhelmed「(精神的に) 圧倒される」。do harm to ~「~に害を及ぼす」。**

6 When they study alone, students get bored easily. They need someone to encourage them.

POINT **get bored「飽きる」。easily「すぐに」。encourage「励ます」。**

7 学生たちはひとりで勉強し始める前にテレビゲームをし始めてしまう。友だちは自分の勉強に対する義務感を与えてくれる。

8 ひとりで勉強していると学生たちは勉強に集中し続けるのに苦労する。すぐに飽きてマンガを読み始めてしまう。

9 学生が集団で勉強するとスケジュールが固定される。このことは、学習習慣を身につけるのに役立つ。

10 ひとりで勉強していると学生はたった１つの科目を何時間も勉強しがちだ。集団で勉強することはバランスを保つのに役立つ。

7 Students start to play video games before they start to study alone. Their friends give them the sense of duty for their study.

POINT **video game「テレビゲーム」。sense of duty「義務感」。**

8 Student have difficulty in keeping focus on their study when they study alone. They get bored easily and start to read comics.

POINT **have difficulty in ~ ing「~するのに苦労する」。keep focus on ~「~に集中し続ける」。**

9 When students study in a group, the schedule is fixed. It is helpful in developing their study habits.

POINT **fix「固定する」。be helpful in ~ ing「~するのに役に立つ」。develop「(趣味や習慣などを) 身につける」。**

10 When they study alone, students are likely to study only one subject for many hours. Studying in a group is helpful in keeping balance.

POINT **be likely to V「V しがちだ」。keep balance「バランスを保つ」。**

基本動詞使い分けクイズ 2

英検では簡単な動詞を含んだ表現についての問題がよく出題されます。間違いやすい基本動詞の使い分けを問うクイズに挑戦して、得点力アップをはかりましょう。日本語の意味に合うように枠の中から動詞を1つ選んで下の文の空所に入れてください。必要に応じて適切な形に直しましょう。

break	call	come	get	give	go
keep	look	make	put	take	turn

1 マイクの趣味の1つは模型の飛行機を組み立てることだ。

One of Mike's hobbies is to _______ together model planes.

2 観光客はロンドンのような大都市で簡単に道に迷う。

Tourists easily _______ lost in a big city like London.

3 このシャツなら今あなたが着ているズボンに合うでしょう。

This shirt will _______ with the trousers you now wear.

4 兄は本当に父に似ているが、私は違う。

My brother really _______ after my father, but I don't.

5 約束を守らないのでジムを信用すべきではない。

You should not trust Jim because he does not _______ his word.

6 大雪でその試合は中止された。

The game was _______ off because of heavy snow.

7 このエッセーの中のいくつかの文は意味が全く通じない。

Some sentences in this essay do not _______ any sense.

8 そのサービスについての情報は入手するのが難しい。

The information about the service is hard to _______ by.

答え 1 put 2 get 3 go 4 takes 5 keep 6 called 7 make 8 come

DAY 4
ミニ模試

筆記試験・リスニングテスト

今日の課題

筆記試験 1 短文の語句空所補充 …… 5問
筆記試験 2 長文の語句空所補充 …… 3問
筆記試験 3 長文の内容一致選択 …… 3問
リスニングテスト 第1部 会話の応答文選択 …… 2問
リスニングテスト 第2部 会話の内容一致選択 …… 2問
リスニングテスト 第3部 文の内容一致選択 …… 2問

［目標解答時間：20分＋リスニング］

筆記試験

目標解答時間 > **20分**

1 次の（1）から（5）までの（　　　）に入れるのに最も適切なものを **1, 2, 3, 4** の中から一つ選びなさい。

（1） The teacher told the students to (　　　) their chairs in a circle so that they would all be able to see each other while they talked.

1 arrange　**2** block　**3** skip　**4** offer

（2） While Judy was on her way to meet her friend, it suddenly started to rain. (　　　), she had an umbrella with her.

1 Simply　**2** Gradually　**3** Luckily　**4** Fairly

（3） A: I'm having a dinner party on Friday, Brian. Do you have any (　　　) about what food I should serve?
B: How about pizza? It tastes great and is fun to make.

1 suggestions　**2** characters　**3** puzzles　**4** figures

（4） When Amy rode a bicycle (　　　) the first time, she fell off of it a few times.

1 over　**2** for　**3** in　**4** at

（5） A: How long have you lived in this town, Mrs. Griffith?
B: I moved here (　　　) I was 25. That was 20 years ago.

1 why　**2** that　**3** where　**4** when

2 次の英文を読み、その文意にそって（**6**）から（**8**）までの（　　　）に入れるのに最も適切なものを**1, 2, 3, 4** の中から一つ選びなさい。

Online Mapmaking

In the past, most people owned paper maps. They used these to find the places that they wanted to go to. People needed one map for each place that they wanted to visit, and they had to carefully plan which roads or trains to take. However, after the Internet was invented, people were able to use online maps. As a result, traveling（**6**）. People could quickly look up directions to go anywhere in the world.

At first, online maps only showed the same information that paper maps did. Then, in 2005, some websites began to let people use their maps for other purposes. People began to add extra information to the maps.（**7**）, some people added the best restaurants in their cities to maps. Other people made maps that showed where all the public toilets were in a city. These maps helped people find things that they wanted.

Nowadays, it is easy for anybody to add information to online maps. People can add new places, give details about them, or write reviews from their smartphones. Although most people are happy that they are able to add information to maps or create their own, some people are worried about this trend. They say that these maps may have（**8**）. Sometimes the opening hours of shops are different from what is written on the map, and sometimes people tell lies when they write reviews. Because of this, some people believe that online maps should only be made by professional mapmakers.

(6) **1** cost more
2 became easier
3 caused problems
4 took time

(7) **1** Besides
2 However
3 After all
4 For example

(8) **1** the best places
2 the wrong information
3 some dangerous messages
4 many good points

次の英文の内容に関して、(9)から(11)までの質問に対して最も適切なもの、または文を完成させるのに最も適切なものを 1, 2, 3, 4 の中から一つ選びなさい。

From: Christina Taylor <christina568@gotmail.com>
To: Betty Taylor <b-taylor8@thismail.com>
Date: January 27
Subject: Career day

Hi Aunt Betty,
How are you? I enjoyed seeing you last weekend at Grandma's house for dinner. She's a great cook, isn't she? I really liked the chicken that she made. Did you? And the cheesecake that you brought was delicious. I want you to show me how to make it someday.
Anyway, can I ask you for a favor? Next month, we're going to have a "career day" at my high school. The school is inviting people with different jobs to come and talk to the students. My teacher said that she wanted to find a nurse to come. She asked if anyone knew a nurse, and I told her about you.
You've been a nurse for five years, right? Would you like to come to the school and talk about your job? The career day will be held in the school gym on February 28. There will be different tables in the gym, and each table will have information about a different job. The students will go around to the tables and ask the people there about each job. For example, students might ask you about what you studied in college, or what you do at the hospital. Please let me know if you can help us!
Your niece,
Christina

(9) What did Aunt Betty do last weekend?

1 She learned how to make cheesecake.
2 She cooked chicken for dinner.
3 She gave Christina a recipe.
4 She had dinner with Christina.

(10) What will happen at Christina's school next month?

1 There will be an event where students learn about jobs.
2 There will be a health check with a nurse for students.
3 The students will take a field trip to a hospital.
4 The students will have the chance to try different jobs.

(11) Christina asked Aunt Betty to

1 help her find a job at a hospital.
2 recommend a good college for her.
3 come to her school to talk to the students.
4 set up tables in the gym.

リスニングテスト

◀26 >>> 27

第1部

対話を聞き、その最後の文に対する応答として最も適切なものを、放送される 1, 2, 3 の中から一つ選びなさい。

No. 1 ～ No. 2（選択肢は放送されます。）

◀28 >>> 29

第2部

対話を聞き、その質問に対して最も適切なものを 1, 2, 3, 4 の中から一つ選びなさい。

No. 3

1 The waiter forgot to bring ketchup.
2 The waiter brought the wrong order.
3 She does not like French fries.
4 She cannot find a seat.

No. 4

1 It has a new dolphin.
2 It has few animals.
3 It will have a special show.
4 It will be closing next week.

◀30 >>> 31

第3部

英文を聞き、その質問に対して最も適切なものを 1, 2, 3, 4 の中から一つ選びなさい。

No. 5

1 Buy her a car.
2 Find her a job.
3 Take her to college.
4 Teach her to drive.

No. 6

1 Read stories about Santa Claus.
2 Take a photo with Santa Claus.
3 Send some Christmas cards.
4 Put decorations on a Christmas tree.

正解一覧

筆記試験

1

(1)	(2)	(3)	(4)	(5)
1	3	1	2	4

2

(6)	(7)	(8)
2	4	2

3

(9)	(10)	(11)
4	1	3

リスニングテスト

1

No. 1	No. 2
3	2

2

No. 3	No. 4
2	3

3

No. 5	No. 6
1	2

訳と解説

筆記 1 短文の語句空所補充

(1) 正解 1

訳 先生は、生徒たちが話している間に全員のお互いの顔が見えるように、椅子を円形に配置するように言った。

1 配置する　2 遮断する　3 抜かす　4 申し出る

解説 so that S will V で「S が V するように」の意味だが、この文では内容が過去なので will が would に変化している。be able to see each other（お互いが見える）という状態になるように生徒たちがしたこととして、1 を選んで arrange their chairs in a circle（椅子を円形に配置する）とすると文意が通る。

(2) 正解 3

訳 ジュディが友だちに会いに行く途中で突然雨が降り始めた。幸運にも、彼女は傘を持っていた。

1 単純に　2 徐々に　3 幸運にも　4 かなり

解説 ジュディが外出中に it suddenly started to rain（突然雨が降り始めた）ことと an umbrella（傘）を持っていたことを意味的に自然につなげる副詞として 3 Luckily（幸運にも）を選ぶ。

(3) 正解 1

訳 A：ブライアン、金曜日に夕食会をすることになっているの。どんな食べ物を出したらいいか、何か提案してくれる？
B：ピザはどうかなあ？ とても美味しいし、作るのも楽しいよ。

1 提案　　2 性質　　3 難問　　4 数字

解説 夕食会に関するAの質問の返事として、BがHow about pizza?（ピザはどうかなあ？）と食べ物の名を挙げている。Aはどんな食べ物を出すべきかBに具体的な考えを尋ねたと考えられるので、1 suggestion（提案）が正解。

(4) 正解 2

訳 エイミーが初めて自転車に乗ったとき、何回か転倒して落ちた。

1 over　　2 for　　3 in　　4 at

解説 エイミーについて文の後半で何回かshe fell off of it（それ＝自転車から落ちた）とあることから、彼女が自転車に乗り慣れていないことがわかる。2を入れるとエイミーが自転車に乗ったのはfor the first time（初めて）となり、文意がつながる。

(5) 正解 4

訳 A：グリフィスさん、あなたはこの町にどのくらい長く住んでいるんですか？
B：私は25歳の時にここに引っ越してきました。20年前のことです。

1 why　　2 that　　3 where　　4 when

解説 空所の次の文にThat（＝引っ越してきたこと）は20 years ago（20年前）のこととある。これに合わせて時間を表す接続詞whenを選んでwhen I was 25（25歳の時に）とすれば自然な文になる。

筆記2 長文の語句空所補充

オンライン地図の作成

過去には、ほとんどの人が紙の地図を持っていた。彼らはこうした地図を使って行きたい場所を見つけた。訪れたい場所ごとに1つの地図が必要で、どの道路や電車を利用するかを慎重に計画する必要があった。しかし、インターネットが発明された後には、人々はオンライン地図を使えるようになった。その結果、旅行がより簡単になった。世界のどこに行くのにも素早く行き先を調べることができた。

最初、オンライン地図は紙の地図と同じ情報しか示していなかった。それから2005年になると、いくつかのウェブサイトが他の目的のために地図を使えるようにし始めた。人々は地図に追加の情報を加え始めた。例えば、ある人たちは自分の街で最高のレストランを地図に追加した。自分の街にすべての公衆トイレがどこにあるかを示した地図を作った人たちもいた。これらの地図は人々が望んでいるものを見つけるのに役立った。

今日では、誰でも簡単にオンライン地図に情報を追加することができる。新しい場所を追加したり、それらについての詳細を書き込んだり、自分のスマートフォンからレビューを書いたりすることができる。ほとんどの人は、地図に情報を追加したり自分で情報を作成したりできることに満足しているが、この傾向について心配している人たちもいる。彼らはこれらの地図が間違った情報を含んでいることもあると言う。店の営業時間が地図上に書かれているものと違うことがあったり、人々がレビューを書くとき嘘をつくこともある。このため、オンライン地図はプロの地図製作者によってのみ作られるべきであると考える人たちもいる。

（6） 正解 2

選択肢の訳 1 費用がさらにかかった　2 楽になった
3 問題を引き起こした　4 時間がかかった

解説 空所の次の文で、オンライン地図を使うことで世界のどこに行くにもquickly look up direction（素早く行き先を調べる）ことが可能になったとある。traveling（旅行）に対する肯定的な表現を入れれば良いので、2が正解。

（7） 正解 4

選択肢の訳 1 さらに　2 しかし　3 結局　4 例えば

解説 空所の前文で人々が地図にextra information（追加の情報）を加え始めたとあり、続く文ではthe best restaurant（最高のレストラン）やthe public toilets（公衆トイレ）の位置について言及されているので、具体例を示す場合の表現として4が選べる。

（8） 正解 2

選択肢の訳 1 最高の場所　2 間違った情報
3 いくつかの危険なメッセージ　4 たくさんの良い点

解説 オンライン地図に情報が追加できることに対して、第3パラグラフ第3文でworried（心配している）人たちがいるとある。具体的には、第5文で店の営業時間がdifferent（違う）場合があったり、レビューにlies（嘘）が書かれていたりするとあるので、こうした内容を簡潔に表すことのできる2が正解。

筆記 3 長文の内容一致選択

送信者：クリスティーナ・テイラー <christina568@gotmail.com>
宛先：ベティー・テイラー <b-taylor8@thismail.com>
日付：1月27日
件名：職業紹介デー

こんにちはベティおばさん、

お元気ですか？ 先週末おばあちゃんの家の夕食会で会えて良かったです。彼女は料理が上手ですよね。彼女が作った鶏肉料理がとても気に入りました。おばさんはどうでしたか？ おばさんが持ってきたチーズケーキもおいしかったです。いつか作り方を教えてほしいです。

ところで、私はおばさんにお願いしても良いでしょうか？ 来月、私たちの高校で「職業紹介デー」を開催する予定です。学校がいろいろな職業の人たちを招待して来てもらい、生徒たちと話をしてもらうことになっています。私の先生は来てもらえる看護師を見つけたいと言いました。彼女は誰か知り合いに看護婦がいるかどうか尋ねたので、私はおばさんのことを話しました。

あなたは5年間看護師をしているんですよね。学校に来て、仕事について話をしていただけますか？ 職業紹介デーは2月28日に学校の体育館で開催されます。体育館には異なるテーブルがあって、各テーブルには異なる仕事に関する情報が揃えられます。生徒たちはテーブルを回って、そこにいる人たちにそれぞれの仕事について質問します。たとえば、大学で勉強したことや病院で何をしているのかを尋ねたりします。手伝っていただけるかどうか連絡してください。

あなたの姪
クリスティーナより

(9) 正解 4

訳 ベティおばさんは先週末に何をしたか。

1 チーズケーキの作り方を学んだ。
2 夕食に鶏肉料理を作った。
3 クリスティーナにレシピをあげた。
4 クリスティーナと夕食をとった。

解説 冒頭でクリスティーナがおばさんに対して I enjoyed seeing you last weekend at Grandma's house for dinner（先週末おばあちゃんの家の夕食会で会えて良かったです）と述べているので、4 が正解。

(10) 正解 1

訳 来月クリスティーナの学校で何が起こるか。

1 学生が職業について学ぶイベントがある。
2 学生のための看護師による健康診断がある。
3 学生たちは病院へ見学に行く。
4 学生はいろいろな仕事を試す機会がある。

解説 第 2 パラグラフ第 2 文でクリスティーナが来月彼女の高校で " career day "（職業紹介デー）を開催する予定だと書いている。具体的には、第 3 文で異なる職業の人たちを招待して生徒と話してもらうものだと説明しているので、イベントの趣旨として 1 が選べる。

(11) 正解 3

訳 クリスティーナがベティおばさんに頼んだことは

1 彼女が病院で仕事を見つけるのを手伝うこと。
2 彼女に良い大学を推薦すること。
3 生徒と話すために彼女の学校にやって来ること。
4 体育館でテーブルを設置すること。

解説 第 3 パラグラフ第 2 文でクリスティーナがおばさんに Would you like to come to the school and talk about your job?（学校に来て、仕事について話をしていただけますか？）と頼んでいる。職業紹介デーの趣旨も合わせて考えると 3 が正解。

リスニング 第1部 会話の応答文選択

No. 1

26

スクリプト

M: Welcome to Coffee King. Can I help you?
W: Yes. I'm looking for a job, and I saw the sign in the window.
M: Yes, we're hiring staff. Do you have any experience?

1 Sure. I'm in school full time.
2 No. I have to work then.
3 Yes. I used to be a waitress.

訳

男性： コーヒーキングへようこそ。どのようなご用ですか？
女性： ええと。仕事を探しているんですが、窓に貼紙があったものですから。
男性： ええ、スタッフを募集しています。何か経験はありますか？

正解 3

選択肢の訳

1 もちろんです。正規の学生なんです。
2 いいえ。それなら働かなければいけません。
3 はい。以前ウェイトレスをしていました。

解説

喫茶店での会話であるが、客が店員に注文をしているのではない。女性のI'm looking for a job（仕事を探している）という発言に対して、男性店員がDo you have any experience?（何か経験はありますか？）と尋ねているので、3が正解。

No. 2

27

スクリプト

W: Hello. Chang residence.

M: Hi, Mrs. Chang. This is Dan Foster from Emily's math class. Can I talk to her?

W: Emily hasn't come home yet. She has piano practice until 8 p.m.

1 No, you don't have to wake her.

2 OK. I'll call back later, then.

3 Well, I hope she feels better.

訳

女性： もしもし、チャンですが。

男性： こんばんは、チャンさん。エミリーさんの数学のクラスのダン・フォスターですが、彼女はいらっしゃいますか。

女性： エミリーはまだ帰ってきていません。夜 8 時までピアノの稽古なんです。

正解　2

選択肢の訳

1 いいえ、彼女を起こしていただかなくて結構です。

2 分かりました。それでは後でかけ直します。

3 そうですね。彼女の体調が良くなるのを願っています。

解説

娘のクラスメートからの電話に出たチャン夫人が Emily hasn't come home yet（エミリーはまだ帰ってきていません）と答えている。クラスメートのダンがエミリーと話すためにすることとしてcall back later（後でかけ直す）という表現を含んだ 2 が選べる。

リスニング 第2部 会話の内容一致選択

No. 3

28

スクリプト **M:** Here's your chicken burger and French fries, ma'am. Do you want some ketchup with that?

W: I didn't order a chicken burger. I wanted a regular hamburger.

M: I'm sorry about that. I'll bring your order in a few minutes.

W: Please hurry. I have to leave in 20 minutes.

Question: What is the woman's problem?

訳 **男性：**チキンバーガーとフライドポテトです。それにケチャップもおつけしますか？

女性：チキンバーガーは注文していません。私は普通のハンバーガーが食べたかったんですけど。

男性：申し訳ございません。すぐにご注文の品をお持ちします。

女性：お急ぎいただけますか。私は20分後にここを出ないといけないんです。

質問：女性の問題は何か。

正解 2

選択肢の訳
1 ウェイターがケチャップを持ってくるのを忘れた。
2 ウェイターが注文を間違えて食事を運んできた。
3 彼女はフライドポテトが好きではない。
4 彼女は席を見つけることができない。

解説 ウェイターが運んできたハンバーガーはchicken burger（チキンバーガー）だが、女性はそれを注文しておらずI wanted a regular hamburger（私は普通のハンバーガーが食べたかったんですけど）と述べている。よって、この状況のまとめとして2が正解。

No. 4

◀29

スクリプト **W:** Dad, can we go to the zoo next week?

M: Sure, Lisa, I love the zoo. What animals do you want to see?

W: Well, there's going to be a special show at the dolphin exhibit. That's what I want to see the most.

M: Oh, great. That sounds like fun.

Question: What is one thing the girl says about the zoo?

訳 **女性:** お父さん、来週動物園に行けるかしら?

男性: もちろんだよ、リサ。父さんも動物園は大好きだしね。どんな動物を見たいんだい?

女性: ほら、イルカのコーナーで特別なショーがあるでしょう。私はあれが一番見たいの。

男性: ああ、それはすごいね。楽しそうだね。

質問: 少女は動物園について何と言っているか。

正解 3

選択肢の訳
1 新しいイルカがいる。
2 動物はほとんどいない。
3 特別なショーがある。
4 来週閉園になる。

解説 少女が言っていることは来週動物園に行きたいということとa special show at the dolphin exhibit(イルカのコーナーで特別なショー)を見たいということだ。1か3の2つの選択肢に絞られるが、イルカについて新しいのかどうか情報がないので、正解は3。

リスニング 第3部 文の内容一致選択

No. 5

30

スクリプト Sandra's college is far from her home, so she wants to get a car to drive to school every day. She has a part-time job, but she also has to pay her school fees. Yesterday, her father offered to buy a car for her if she pays for the gasoline herself. Sandra agreed, and they will go look for one tomorrow.

Question: What did Sandra's father say he will do for her?

訳 サンドラの大学は自宅から遠く離れているので、毎日通学するために車を買いたいと思っている。彼女はアルバイトをしているが、学費も払わなければいけない。昨日、彼女の父親は、ガソリン代を自分で支払うなら彼女に車を買ってあげようと申し出た。サンドラはそれに同意して、明日彼らは車を見に行くつもりだ。

質問：サンドラの父親は彼女に何をすると言ったか。

正解 1

選択肢の訳
1 彼女に車を買ってあげる。
2 彼女に仕事を見つけてあげる。
3 彼女を大学に連れて行く。
4 彼女に運転の仕方を教える。

解説 学生のサンドラが車を欲しがっている。条件付きで父親に買ってもらうことになり、最後の文で they will go look for one tomorrow（明日彼らは車を見に行くつもりだ）と述べられているので、素直に1を選ぶ。この文の one とは a car（1台の車）を指している。

No. 6

◀31

スクリプト Good evening, Christmas shoppers. During the holiday season, the mall will stay open until 10 p.m. Also, don't forget that children can have their picture taken with Santa Claus by the big Christmas tree on the main floor. He will be there until 6 p.m. Thank you and happy holidays.

Question: What is one thing children can do on the main floor?

訳 クリスマスのお買い物をしていらっしゃるお客様、こんばんは。冬休みシーズン中ショッピングモールは午後10時まで営業いたします。また、メインフロアの大きなクリスマスツリーのそばではお子さんがサンタクロースと一緒に写真を撮ることができますので、ぜひお越しください。サンタは午後6時までいる予定です。お買い物ありがとうございます。そして幸せな休日をお送りください。

質問：子供たちがメインフロアでできることは何か。

正解 2

選択肢の訳
1 サンタクロースの物語を読む。
2 サンタクロースと一緒に写真を撮る。
3 クリスマスカードを何枚か送る。
4 クリスマスツリーに飾りをつける。

解説 メインフロアについてchildren can have their picture taken with Santa Claus（お子さんがサンタクロースと一緒に写真を撮ることができます）と述べられているので、2が正解。クリスマスツリーのそばで写真が撮れると言っているが、飾り付けについては言及されていないので4は選べない。

DAY 5
ミニ模試

筆記試験・リスニングテスト

今日の課題

筆記試験 1 短文の語句空所補充 ………… 5問
筆記試験 2 会話文の文空所補充 ………… 2問
筆記試験 3 長文の内容一致選択 ………… 4問
リスニングテスト 第1部 会話の応答文選択 ………… 2問
リスニングテスト 第2部 会話の内容一致選択 ………… 2問
リスニングテスト 第3部 文の内容一致選択 ………… 2問

[目標解答時間：20分＋リスニング]

筆記試験

目標解答時間 ＞ 20分

1 次の（1）から（5）までの（　　　）に入れるのに最も適切なものを 1, 2, 3, 4 の中から一つ選びなさい。

（1） A: I (　　　) what time the movie starts.
B: Let's check online to find out.

1 wonder　**2** gather　**3** hope　**4** prefer

（2） A: Sometimes, I like to just sit at home and read a book. The (　　　) is relaxing.
B: I don't agree. I enjoy talking to people.

1 liquid　**2** silence　**3** opinion　**4** reality

（3） A: My job is so stressful these days. I think I'll take a vacation.
B: That's a good idea, Victor. Sometimes you just need to (　　　) work.

1 stand across from　**2** get away from
3 go out with　**4** keep up with

（4） Jessica was offered a job at a marketing company, but she decided to (　　　) the offer because the pay was not very good.

1 turn down　**2** stand in　**3** fall over　**4** lead on

（5） A: I don't remember where the restaurant is.
B: (　　　) do I. Let's call and ask for directions.

1 Neither　**2** Either　**3** So　**4** Also

次の二つの会話文を完成させるために、(**6**)から(**7**)に入るものとして最も適切なものを**1, 2, 3, 4**の中から一つ選びなさい。

(**6**) A: Dad, Sarah asked me to go camping with her family next week. Can I go?

B: I don't know. I think that you need to (**6**).

A: Yes, but that's on Thursday. Sarah's family is going camping on Saturday.

B: All right. Just make sure that you study hard and get a good grade.

1 ask her parents first　　**2** go camping every week

3 get ready for your test　　**4** clean your desk

(**7**) A: What did you do last weekend, Jane?

B: (**7**) at my grandma's house.

A: Wow, you must have been very tired.

B: Yes, but grandma needed my help.

1 I played basketball　　**2** I took care of the garden

3 I watched the news　　**4** I made some cookies

次の英文の内容に関して、(8)から(11)までの質問に対して最も適切なもの、または文を完成させるのに最も適切なものを 1, 2, 3, 4 の中から一つ選びなさい。

The History of a Doll

In Russia, there are sets of dolls called matryoshka. Each set usually has seven dolls that are all different sizes. The biggest doll in the set is usually around 15 centimeters tall. It can be opened, and inside there is another smaller doll. This can also be opened, and there is another doll inside of it. Except for the biggest doll, each of the dolls fits inside a larger one. The matryoshka is a famous part of Russian culture. However, the idea came from outside of Russia.

For nearly 1,000 years, the Chinese have made wood boxes that fit inside each other. People use them to keep important items or as decorations. In the 18th century, some of these boxes were made into dolls. These dolls were called nesting dolls, and they became popular with wealthy people. At that time, China and Japan traded many things, and these dolls were probably brought from China and sold in Japan.

Before nesting dolls were brought to Japan, there were already many types of Japanese dolls made from wood. Traditional doll makers used Japanese wood and special painting techniques to make dolls such as daruma and kokeshi. Then, in the 19th century, they began to use these techniques to make a new type of nesting doll. This was a set of seven dolls that were painted to look like the seven lucky gods. Like the Chinese nesting dolls, each doll could fit inside a larger one.

In the 1890s, a wealthy Russian man named Savva Mamontov received a set of Japanese nesting dolls. He loved traditional Russian culture and wanted to find a way to share it with more people. He asked a group of Russian artists to design a similar set of dolls. However, he wanted these dolls to wear traditional Russian clothing. This is how the first matryoshka was made.

(8) What is true about matryoshka?

1 The dolls are not sold outside of Russia.
2 The dolls are much smaller than Russian people think.
3 The idea for the dolls did not actually come from Russia.
4 The idea for the dolls came from a famous Russian story.

(9) What may have happened in the 18th century?

1 Chinese people started using wood boxes as decorations.
2 Chinese nesting dolls began to be sold in Japan.
3 Japanese people began to make more money.
4 Japanese things started to become popular in China.

(10) In the 19th century, Japanese doll makers

1 first started making daruma using different kinds of wood.
2 used traditional techniques to make a new kind of doll.
3 learned special techniques for painting on wood.
4 sold kokeshi that were larger than the old types.

(11) Savva Mamontov asked artists to make a set of dolls because he wanted to

1 find a way to let people know about Russian culture.
2 give them to the Japanese people he was visiting.
3 see what traditional Russian clothing looked like.
4 learn more about traditional Japanese culture.

リスニングテスト

◀32 >>> 33

第1部 対話を聞き、その最後の文に対する応答として最も適切なものを、放送される1, 2, 3の中から一つ選びなさい。

No. 1 ～ No. 2（選択肢は放送されます。）

◀34 >>> 35

第2部 対話を聞き、その質問に対して最も適切なものを1, 2, 3, 4の中から一つ選びなさい。

No. 3

1 She prefers to play the trumpet.
2 She wants to try another sport.
3 She is not good at tennis.
4 She has friends in the school band.

No. 4

1 To tell him his car is fixed.
2 To tell him the dentist is sick.
3 To ask if he can work overtime.
4 To ask why he is late.

第3部

英文を聞き、その質問に対して最も適切なものを 1, 2, 3, 4 の中から一つ選びなさい。

No. 5

1 Many people wear green clothes.
2 Many people clean up their local areas.
3 Many people have the day off.
4 Many people take pictures of flowers and trees.

No. 6

1 She did not enjoy the music.
2 She ate too many sausages.
3 The bands did not perform.
4 The food was too expensive.

DAY 5 ミニ模試 解答・解説

正解一覧

筆記試験

1

(1)	(2)	(3)	(4)	(5)
1	2	2	1	1

2

(6)	(7)
3	2

3

(8)	(9)	(10)	(11)
3	2	2	1

リスニングテスト

1

No. 1	No. 2
1	3

2

No. 3	No. 4
1	4

3

No. 5	No. 6
2	1

訳と解説

筆記1 短文の語句空所補充

（1） 正解 1

訳 A：映画は何時に始まるのかしら。
B：ネットで調べて確認してみましょう。

1 疑問に思う　2 集める　3 希望する　4 ～の方を好む

解説 Aの発言を受けてBがLet's check online（ネットで調べてみましょう）と述べている。このことから2人とも映画が何時に始まるのか知らないことが分かるので、1 wonder（疑問に思う）が正解。

（2） 正解 2

訳 A：家でただ座って本を読んでいたくなることが時々あるのよね。静かだと落ち着くし。
B：僕は違うな。人と話すのが楽しいね。

1 液体　2 沈黙　3 意見　4 現実

解説 Aの発言に対して、BがI don't agree（僕は違うな）と述べ、自分はtalking to people（人と話すこと）が好きだと説明している。こうしたこととは反対の内容になれば良いので、2 silence（沈黙）が空所に適合する。「沈黙した、静寂した」の意味の形容詞silentの名詞形だ。

(3) 正解 2

訳 A：最近仕事でとてもストレスが多いんだ。休暇でも取ろうかな。
B：それはいい考えね、ビクター。単純に仕事から距離を置くことが本当に必要な時もあるし。

1 ～の向かいに立つ　2 ～から離れる
3 ～と付き合う　4 ～についていく

解説 Aが仕事でstressful（ストレスが多い）ので、I think I'll take a vacation（休暇でも取ろうかな）と述べている。BもAにそうするように勧めているので、仕事を休むという趣旨になるように2を選ぶ。get away from ～は「～から逃れる、離れる」の意味。

(4) 正解 1

訳 ジェシカはマーケティング会社から仕事の申し出を受けたが、給料があまり良くなかったので申し出を断ることにした。

1 ～を断る　2 代理をする　3 倒れる　4 先導し続ける

解説 because以降にthe pay was not very good（給料があまり良くなかった）とあるので、ジェシカは仕事を引き受けなかったのだろうと考えられる。1を入れてturn down the offer（申し出を断る）とすれば良い。

(5) 正解 1

訳 A：あのレストランがどこにあったか覚えてないなあ。
B：私もよ。電話して道を聞きましょう。

1 Neither　2 Either　3 So　4 Also

解説 レストランの場所が分からないというAの発言を受けてBがLet's call and ask（電話して聞きましょう）と述べている。Bもレストランがどこにあるか分からないのだと考えられるので、1を入れてNeither do I（私もだ＝私も覚えていない）にすれば良い。もしもAが知っていてBが「自分もそうだ」という場合は、否定の意味がないのでSo do Iとなる。

(6) 正解 3

訳 A：お父さん、サラから来週彼女の家族と一緒にキャンプに行かないかって誘われたんだけど、行ってもいい？

B：さあね。テストの準備をする必要があるんじゃないのかい。

A：ええ、でもそれは木曜日よ。サラの家族は土曜日にキャンプをする予定なのよ。

B：分かったよ。ただ、必ず一生懸命勉強して良い成績を取るようにするんだよ。

1 最初に彼女の両親に聞く　　2 毎週キャンプに行く
3 テストの準備をする　　4 机を掃除する

解説 友だちとキャンプに行こうとしている娘と父親の会話だ。空所を含む父親の発言の直後に娘が that's on Thursday（それは木曜日よ）と述べていて、父親が最後に make sure that you study hard and get a good grade（必ず一生懸命勉強して良い成績を取るようにするんだよ）と述べているので空所には 3 が適合する。

(7) 正解 2

訳 A：先週末は何をしましたか、ジェーン？

B：おばあちゃんの家で庭の手入れをしたわ。

A：うわー、じゃあとても疲れたでしょう。

B：ええ、でもおばあちゃんは私の手伝いを必要としてたのよ。

1 バスケットボールをした　　2 庭の手入れをした
3 ニュースを見た　　4 クッキーを作った

解説 空所を含むBの発言を受けてAが you must have been very tired（じゃあとても疲れたでしょう）と述べていて、それに対してBが grandma needed my help（おばあちゃんは私の手伝いを必要としていた）と言っている。体が疲れる手伝いとして 2 を選ぶ。

筆記3 長文の内容一致選択

ある人形の歴史

ロシアには、マトリョーシカと呼ばれる人形のセットがある。各セットにはたいていサイズがすべて異なる7つの人形がある。セットの中で一番大きな人形は通常15センチくらいの高さだ。開けることができて、中には別の少し小さな人形が入っている。これも開けることができて、その中に別の人形が入っている。一番大きな人形以外、それぞれの人形はより大きな人形の中に収まる。マトリョーシカはロシア文化の有名なものの1つだ。しかし、この人形の作り方はロシア国外に由来する。

1000年近く前から、中国人はお互いにぴったり収まる木箱を作ってきた。これらの箱は重要な品物を保管したり装飾品として使われる。18世紀に、こうした箱の一部が人形になった。これらの人形は入れ子人形と呼ばれ、裕福な人々の間で人気になった。その当時、中国と日本はたくさんのものを売り買いしていて、こうした人形はおそらく中国から運ばれて日本で売られた。

入れ子人形が日本に持ち込まれる前にも、すでにたくさんの種類の木製の日本人形があった。伝統的な人形作家は、日本の木材と特殊な塗装技術を使用してだるまやこけしなどの人形を作った。それから、19世紀に彼らはこれらの技術を使って新しいタイプの入れ子人形を作り始めた。それは七福神のように描かれた7体の人形のセットだった。中国の入れ子人形のように、それぞれ人形はより大きなものの中に収めることができた。

1890年代、サーヴァ・マモントフというロシアの裕福な男性が日本の入れ子人形を受け取った。彼はロシアの伝統文化を愛し、それをより多くの人たちと分かち合う方法を見つけたいと思った。彼はロシアの芸術家のグループに似たような人形のセットをデザインするよう頼んだ。しかし、彼はこれらの人形がロシアの伝統的な服を着てほしいと考えた。こうして最初のマトリョーシカが作られた。

（8） 正解 3

訳 マトリョーシカについて当てはまることは何か。

1 この人形はロシア国外では販売されていない。
2 この人形はロシアの人々が考えるよりもはるかに小さい。
3 この人形の作り方は実はロシアが起源ではない。
4 この人形の作り方は有名なロシアの物語に由来する。

解説 第 1 パラグラフ第 8 文に the idea（その考え）、すなわちマトリョーシカ人形の作り方は、outside of Russia（ロシア国外）からやって来たとあるので 3 が内容的に一致する。

（9） 正解 2

訳 18 世紀に何が起こった可能性があるか。

1 中国の人々が木箱を装飾として使い始めた。
2 中国の入れ子人形が日本で販売されるようになった。
3 日本人はもっとたくさんのお金を稼ぎ始めた。
4 日本のものが中国で人気になり始めた。

解説 第 2 パラグラフ第 3 文で 18 世紀に中国で作られた入れ子の箱をもとに人形が作られたとあり、第 5 文で these dolls were probably brought from China and sold in Japan（こうした人形はおそらく中国から運ばれて日本で売られた）とある。同じ内容の 2 が正解。

(10) 正解 2

訳 19 世紀、日本の人形作家は

1 最初に異なる種類の木を使ってだるまを作り始めた。
2 伝統的な技法を使って新しい種類の人形を作った。
3 木に絵を描くための特別な技術を学んだ。
4 古いタイプよりも大きなこけしを売った。

解説 19 世紀の日本の人形作家について、第 3 パラグラフ第 3 文で these technique、すなわち special painting techniques（特殊な塗装技術）を用いて a new type of nesting doll（新しいタイプの入れ子人形）の人形を作ったとあるので 2 が内容的に一致する。

(11) 正解 1

訳 サーヴァ・マモントフは芸術家に一組の人形を作るように頼んだが、それは…を望んでいたからだ。

1 ロシアの文化について人々に知らせる方法を見つけること
2 彼が訪問していた日本の人たちにあげること
3 ロシアの伝統的な服がどのようなものかを理解すること
4 伝統的な日本文化についてさらに学ぶこと

解説 マモントフについては第 4 パラグラフで言及されている。第 2 文で He loved traditional Russian culture（彼はロシアの伝統文化を愛していた）とあり、a way to share it with more people（それをより多くの人たちと分かち合う方法）を模索していたとあるので、こうした内容のまとめとして 1 が選べる。

リスニング 第1部 会話の応答文選択

No. 1

◀32

スクリプト **W:** Can I help you?

M: Hi. I'm in San Francisco on a business trip. I'd like to buy presents for my co-workers.

W: Well, these chocolates are made in San Francisco. They're very popular.

1 Great. I'll have a box of those, then.

2 Well, I've never been to San Francisco.

3 Actually, I work alone.

訳 **女性：** どのようなご用件でしょうか。

男性： こんにちは。サンフランシスコには出張で来ているんですが、同僚にプレゼントを買いたいと思いまして。

女性： そうですね、このチョコレートはサンフランシスコで作られているんですよ。とても人気です。

正解 1

選択肢の訳 **1** それは良いですね。では、それを一箱もらいます。

2 ええと、私はサンフランシスコに行ったことがありません。

3 実は、私は一人で働いているんです。

解説 お店での会話だ。男性がI'd like to buy presents for my co-workers（同僚にプレゼントを買いたいと思いまして）と述べると、女性がチョコレートを薦めている。それに対する男性の発言として1が適切だ。I'll have ～（～にします）は買うものを決めた時に使われる表現。

No. 2

◀33

スクリプト **M:** Ciao, Karen. That means "hello" in Italian.

W: Well, ciao to you, too. Are you studying Italian?

M: Yeah. I'm learning some words and phrases. I'm taking a vacation in Italy next month.

1 Great. I'm glad you had a good time.

2 No. I'm trying to save my money.

3 Wow. I've always wanted to go there.

訳 **男性：** チャオ、カレン。イタリア語で「こんにちは」っていう意味なんだけどね。

女性： じゃあ、あなたにもチャオって言うわ。イタリア語を勉強してるの？

男性： うん。単語やフレーズを少し勉強してるんだ。来月イタリアで休暇を取るんだ。

正解 3

選択肢の訳 **1** 素晴らしいわね。楽しんで来たとのことで私も嬉しいわ。

2 いいえ。お金を節約しようとしているんです。

3 うわー。私は前からずっとそこに行きたいと思っているんです。

解説 イタリア語を勉強している男性がI'm taking a vacation in Italy next month（来月イタリアで休暇を取るんだ）と述べている。それに対する女性の発言として、最初の1語だけを見ると1を選びたくなるが、男性はまだイタリアに行っていないので女性が男性にyou had a good time（あなたは楽しんで来た）というはずがない。会話が成立するのはむしろ3だ。

リスニング 第2部 会話の内容一致選択

No. 3

34

スクリプト

M: Are you joining any school teams or clubs this year, Jill?

W: Well, Dad, you know I love playing the trumpet. I've decided to join the school band again.

M: What about sports? You really like tennis, don't you?

W: Yeah, but I only have time for one club, and playing music is more important to me.

Question: Why won't Jill join the tennis club?

訳

男性：ジル、今年は学校のチームやクラブに入るのかい？

女性：うーん、お父さん、私がトランペットを弾くのが好きだって知っているでしょう。また学校のバンドに入ることにしたのよ。

男性：スポーツはどうかい？ 本当にテニスが好きだよね。

女性：ええ、でも1つのクラブで活動する時間しかないし、音楽を演奏する方が私にとって大事なのよ。

質問：ジルはなぜテニスクラブに入らないのか。

正解 1

選択肢の訳

1 トランペットを弾く方がいい。

2 別のスポーツをしたいと思っている。

3 テニスが苦手だ。

4 学校のバンドに友だちがいる。

解説

ジルがトランペットの演奏が好きなので音楽系のクラブに入るつもりだと言うと、父親がテニスクラブには入らないのかと質問している。ジルは時間がないので2つは選べないと答え、playing music is more important to me（音楽を演奏する方が私にとって大事なのよ）と述べているので、同じ内容の1が正解。

No. 4

◀35

スクリプト **M:** Hello. Andrew Farmer.

W: Hello, Mr. Farmer. This is Dr. Clark's office. We were expecting you 30 minutes ago for your dental appointment.

M: Sorry about that. I had a problem with my car, but I'm on my way now. I'll be there in 10 minutes.

W: I see. I'm afraid you may have to wait, though.

Question: Why did the woman call the man?

訳 **男性：** もしもし。アンドリュー・ファーマーですが。

女性： こんにちは、ファーマーさん。こちらはクラーク医師の事務所です。歯の診察で 30 分前にお待ちしていたのですが。

男性： すみません。車に問題があったのですが、今そちらに向かっているところです。10 分以内に到着します。

女性： かしこまりました。しかし、待っていただく必要があるかもしれません。

質問： なぜ女性は男性に電話をかけたのか。

正解 4

選択肢の訳
1 彼の車は修理されていると伝えるため。
2 歯科医の先生が病気だと伝えるため。
3 残業できるかどうかを尋ねるため。
4 彼がなぜ遅れているのか尋ねるため。

解説 クラーク医師のもとで働いていることを伝えた上で女性が We were expecting you 30 minutes ago for your dental appointment（歯の診察で 30 分前にお待ちしていた）と述べている。男性が謝っていることからも彼が診察に遅れていることが確認できるので、正解は 4。

No. 5

◀36

スクリプト Earth Day is a day when people try to help the environment. It started in the United States in 1970. On Earth Day, many people help to clean up their local areas, and other people plant flowers and trees. Earth Day has become a popular event in many countries around the world.

Question: What is one thing that happens on Earth Day?

訳 アースデイは、人々が環境に貢献しようとする日だ。それは1970年にアメリカで始まった。アースデイには多くの人が自分の地域の清掃を手伝い、花と木を植える人々もいる。アースデイは世界中の多くの国で人気のあるイベントになっている。

質問：アースデイに起こることは何か。

正解 2

選択肢の訳
1 多くの人が緑色の服を着る。
2 多くの人が地域の清掃をする。
3 多くの人が休みを取る。
4 多くの人が花や木の写真を撮る。

解説 アースデイにはmany people help to clean up their local areas（多くの人が自分の地域の清掃を手伝う）ということ、そしてother people plant flowers and trees（花と木を植える人々もいる）ということが述べられている。内容が一致するのは2だ。

No. 6

37

スクリプト Nancy went to an international food and music festival yesterday. She ate some German sausages and bought some expensive honey from New Zealand. Many bands played at the festival, but Nancy thought the music was too loud. She had planned to stay longer, but because she did not like the music, she left early instead.
Question: Why did Nancy leave the festival early?

訳 ナンシーは昨日、国際的な食品と音楽のフェスティバルに行った。彼女はドイツのソーセージをいくつか食べ、ニュージーランド産の高価な蜂蜜を買った。フェスティバルではたくさんのバンドが演奏していたが、ナンシーは音楽の音量が大きすぎると思った。彼女はもう少し長くいるつもりだったが、音楽が気に入らなかったので、そのかわりに早く立ち去った。
質問：ナンシーはなぜ早くフェスティバルを抜けたのか。

正解 1

選択肢の訳
1 音楽を楽しんでいなかった。
2 ソーセージを食べすぎた。
3 バンドが演奏しなかった。
4 食べ物の値段が高すぎた。

解説 ナンシーがフェスティバルでしたことがいくつか説明されているが、質問に関係するのは最後の文の because she did not like the music, she left early（音楽が気に入らなかったので、早く立ち去った）という部分だ。言い換えとして 1 が選べる。

基本動詞使い分けクイズ 3

英検では簡単な動詞を含んだ表現についての問題がよく出題されます。間違いやすい基本動詞の使い分けを問うクイズに挑戦して、得点力アップをはかりましょう。日本語の意味に合うように枠の中から動詞を1つ選んで下の文の空所に入れてください。必要に応じて適切な形に直しましょう。

break	call	come	get	give	go
keep	look	make	put	take	turn

1 セーラはテニスの腕が劇的に進歩した。

Sarah has _______ dramatic progress in tennis.

2 その噂は後になって本当だと判明した。

The rumor _______ out to be true later.

3 警察は昨晩起きた事故を調査するだろう。

The police will _______ into the accident which happened last night.

4 ケンは出勤途中に旧友に偶然会った。

Ken _______ across his old friend on his way to the office.

5 そのスポーツイベントは悪天候で延期された。

The sporting event was _______ off because of the bad weather.

6 その夫婦は20年間の結婚生活の後に別れた。

The couple _______ up after twenty years of marriage.

7 デモの参加者は暴力の終結を求めた。

The demonstrators _______ for an end to violence.

8 ご両親によろしくお伝えください。

Please _______ my regards to your parents.

答え 1 made 2 turned 3 look 4 came 5 put 6 broke 7 called 8 give

DAY 6
ミニ模試

英作文

今日の課題

- 英作文問題 1問
- 英作文上達トレーニング
  - ▶トレーニング 1
  - ▶トレーニング 2

[目標解答時間：20分]

英作文

目標解答時間 ＞ 20 分

- あなたは、外国人の知り合いから以下の QUESTION をされました。
- QUESTION について、あなたの意見とその理由を 2 つ英文で書きなさい。
- 語数の目安は 50 語～ 60 語です。
- 解答が QUESTION に対応していないと判断された場合は、0 点と採点されることがあります。QUESTION をよく読んでから答えてください。

QUESTION

Do you think it is better for people to live in a house or in an apartment?

今回で英作文の演習も 2 回目です。Day 3 では自分の力で解答できましたか？ 着実に解答を作成するには 3 つの Step が大事でしたね。もしも解答の手順が思い出せないようなら、もう 1 度「早わかりガイド」を読み返してください。「英作文上達トレーニング」への取り組みを通して、答案作成力を磨いていきましょう。

MEMO

トレーニング 1

いきなり英語で書き始めようとしても行き詰まってしまいます。3 つの Step で着実に解答を作成していきましょう。高評価される解答にするには、問題の指示を確認しながら内容について考え、決まったパターンの英文を書くのが鉄則です。

Step 1 自分の意見を決めよう！

英作文の問題では、必ず「あなたの考え」を書くように指示されます。この問題で問われているのは、住むなら一軒家と集合住宅のどちらが良いかです。直感で構いませんので、どちらか 1 つを選びましょう。

QUESTION
Do you think it is better for people to live in a house or in an apartment?

質問の訳
一軒家と集合住宅のどちらに住むのが人々にとって良いと思うか。

Step 2 理由を書き出してみよう！

問題の指示文には、あなたの考えについて「その理由を 2 つ」書くようにとあります。Step 1 で選んだ自分の意見の理由を少し多めに 5 つ挙げてみましょう。この段階では日本語で構いません。

● [一軒家 / 集合住宅] に住む方が良い

理由
1
2
3
4
5

Step 2 の記入例

Step 1 で決めた自分の意見について、その理由を5つ挙げられましたか？ 一軒家の場合と集合住宅の場合の両方で、選ぶ理由として考えられるものを下に10個列挙します。皆さんが考えた理由やそれに近いものを探してみましょう。

● 一軒家に住む方が良い

理由

1 ガレージが持てる
2 庭で遊べる
3 隣の部屋の音を気にしなくてよい
4 土いじりができる
5 カスタムし放題
6 ご近所付き合いができる
7 楽器が弾ける
8 地下室だって作れる
9 駐車場代がかからない
10 ペットを飼える

● 集合住宅に住む方が良い

理由

1 防犯カメラがついている
2 問題があっても管理会社が修理してくれる
3 広さが同じ場合はマンションの方が安い
4 駅から近い物件が多い
5 ゴミ出しが楽
6 都会の場合は近所付き合いが楽
7 集合住宅は段差がない
8 廊下や玄関は業者が掃除してくれる
9 駐車場にも防犯カメラがある
10 高層階に住めば日当たりが良い

Step 3 自分の解答をまとめよう！

最後に、**Step 1** と **Step 2** で考えた内容を入れながら解答を作ります。1文ずつ英語で書いていきましょう。それぞれの理由について具体例や補足説明を補いながら2文で書く必要があるので、5つ挙げた中から内容的に書きやすいものを2つ選んでください。定型表現も上手く使いながら自分の解答を完成させましょう。

第1文 自分の意見

______________________________.

第2文 理由 1a

First, ______________________________.

第3文 理由 1b

______________________________.

第4文 理由 2a

Second, ______________________________.

第3文 理由 2b

______________________________.

Step 3 の記入例

2つの意見で書かれた解答例を見てみましょう。**Step 2** で挙げられた理由の中から2つを採用して書かれています。シンプルな表現だけでもきちんと解答できるんだ、ということを確認してください。

●「一軒家に住む方が良い」の場合

解答例1 (理由10と9)

I think it is better to live in a house. First, pets are not allowed in most apartments, but they are free to live in a house. In fact, I have a dog in my house. Second, there is no need to pay any charge for parking. My parents had to pay a lot when we lived in an apartment. (60語)

解答例訳

一軒家に住む方が良いと思います。第一に、ほとんどの集合住宅でペットは許可されていませんが、一軒家なら自由に住むことができます。実際に、私のうちでは犬を飼っています。第二に、駐車料金を払う必要がありません。集合住宅に住んでいたころ、私の親はたくさんのお金を払わなければいけませんでした。

●「集合住宅に住む方が良い」の場合

解答例2 (理由1と8)

I think that apartments are better. First, many apartments have security cameras monitored by security companies. They are helpful for the safety of the people who lives there. Second, in apartments, a service company cleans the hallways and entries of the building. It is convenient for busy people. (48語)

解答例訳

集合住宅の方が良いと思います。第一に、多くの集合住宅には警備会社に監視されたカメラがついています。そこに住む人々の安全にとても役に立ちます。第二に、集合住宅ではサービス会社が建物の廊下や玄関を掃除してくれます。このことは忙しい人々にとって便利です。

トレーニング 2

トレーニング 1 では 3 つの Step で決められたパターンに従って解答を作成してみました。そうすることで「内容」と「構成」の採点基準を満たした解答が出来上がったはずです。ここでは 1 つ 1 つの英文を作る訓練をしましょう。左ページの文は Step 2 で列挙した理由に文字数を稼ぐために内容的な肉付けをしたものです。これを見て右ページの英語の文がすぐに書けるようになるまで何度も練習しましょう。POINT では表現や文法に関する要点を説明しましたので、残りの採点基準である「語い」と「文法」についても意識して取り組みましょう。

● 一軒家に住む方が良い

1 自動車や自転車を整備できるようにガレージつきの家がある。実際に、私は自分の自転車を自分のガレージで整備する。

2 多くの家には庭があり、子どもたちがそこで遊ぶことができる。実際に、うちは夏に庭でプールを作る。

3 家だと隣の部屋の騒音を気にしなくてよい。例えば、私が集合住宅に住んでいた時、上の階の人がとてもうるさかった。

4 庭に畑を作ることまでできる。実際に、私の家族は庭でトマトを栽培している。

1 Some houses have garages so you can maintain your cars and bikes. In fact, I maintain my bicycle in my garage.

POINT **garage**「ガレージ」は発音に注意。辞書で確認しよう。ここでの **you** は一般的な人を指す代名詞で、「あなた」の意味ではない。**maintain**「整備する」。

2 Many houses have gardens and children can play there. In fact, my family build a pool in the garden in the summer.

POINT **in fact**「実際に」。前文の内容を補足説明する場合に使う。

3 In a house, you do not have to worry about the noise from the next room. For example, when I lived in an apartment, the person living upstairs was very noisy.

POINT **do not have to V**「V しなくてよい、V する必要はない」。**worry about ～**「～を気にする」。**upstairs**「上の階に」。

4 You can even make a field in the garden. In fact, my family grow tomatoes in our garden.

POINT **even**「～まで、～でさえ」。**field**「畑」。

5 家に住んでいたら好きなように建て直すことができる。例えば、父は去年ガレージを庭に作った。

6 家に住んでいたら近所の人たちと知り合いになれる。実際、毎年私は町内会の催しを楽しんでいる。

7 家ではいくつかの楽器を弾けて、歌だって歌える。そうしたことを許可しない集合住宅が多い。

8 家に住んでいたら地下室を作れる。実際、うちには地下書庫がある。

9 家に住んでいたら駐車場代を払う必要がない。集合住宅に住んでいた時、私の両親はたくさんの料金を支払わなければいけなかった。

10 ほとんどの集合住宅でペットは許可されていないが、一軒家なら自由に住むことができる。実際に、うちでは犬を飼っている。

5 If you live in a house, you can rebuild it any way you like. For example, my father built a garage in the garden last year.

POINT **rebuild「建て直す、改築する」。any way S like「S が好きな方法で」。**

6 If you live in a house, you can get to know your neighbors. In fact, every year I enjoy the festival in my town.

POINT **get to know ~「~と知り合いになる」。neighbors「隣人、近所の人たち」。**

7 You can play some musical instruments in a house, and you can even enjoy singing. Many apartments do not allow them.

POINT **musical instrument「楽器」。allow「許可する」。**

8 If you live in a house, you can build a basement. In fact, my house has a library in the basement.

POINT **library「書斎、書庫」。basement「地下室」。**

9 If you live in a house, you do not have to pay any charge for parking. My parents had to pay a lot of money when we lived in an apartment.

POINT **charge「料金、手数料」。parking「駐車」。**

10 Pets are not allowed in most apartments, but they are free to live in a house. In fact, I have a dog in my house.

POINT **be allowed「許される」。接続詞 but の前後で集合住宅の場合と一軒家の場合を対比させている。**

● **集合住宅に住む方が良い**

1 多くの集合住宅には警備会社に見張ってもらえる監視カメラがついている。そこに住む人々の安全にとても役に立つ。

2 建物に問題があっても自分で直さなくて良い。管理会社がやってくれる。

3 広さが同じ場合、一軒家よりも集合住宅の方が安い。集合住宅ならより広い空間に住むことが楽しめる。

4 集合住宅は駅から近いことが多い。一軒家に住んでいると、もっと歩かなくてはいけない。

5 好きなときにいつでもゴミ出しを許可する集合住宅がある。これは忙しい人たちにはとても便利だ。

6 特に都会の集合住宅では近所付き合いがそれほど深くない。近所を気にしなくてよい。

1 Many apartments have security cameras monitored by security companies. They are helpful for the safety of the people who lives there.

POINT **security camera「監視カメラ」。monitor「監視する、見張る」。**

2 If there is a problem with the building, you do not have to fix it by yourself. The management company will do it.

POINT **fix「修理する」。by oneself「自分で」。management company「管理会社」。**

3 If the size is the same, apartment is cheaper than a house. You can enjoy living in a larger space in an apartment.

POINT **cheap の比較級は cheaper。more cheaper のように more をつける必要はない。**

4 Apartments are often located close to the station. If you live in a house, you have to walk more.

POINT **be located「（建物などが）位置している」。close to ～「～の近くに」。**

5 Some apartments allow you to take out the garbage anytime you like. It is very convenient for busy people.

POINT **allow O to V「O が V するのを許可する」。take out the garbage「ゴミを出す」。anytime S V「S が V するときはいつでも」。**

6 Especially in a big city apartment, relationships with neighbors are not so deep. You do not have to care about your neighbors.

POINT **relationship「関係、付き合い」。do not have to V「V しなくてよい、V する必要はない」。care about ～「～を気にする」。**

7 集合住宅は段差がない。高齢者にとって住みやすい。

8 サービス会社が集合住宅の廊下や玄関を掃除してくれる。このことは忙しい人にとって便利だ。

9 ほとんどの集合住宅には駐車場に防犯カメラがある。このことは治安上良い。

10 集合住宅の高層階は日当たりが特に良い。そこに住むのは快適だ。

7 There are no steps in an apartment. It is easier for old people to live in.

POINT　**step「段差」。第 2 文の主語 It は an apartment を指す。S is easy to V「S は V しやすい、V するのが楽」。for old people は不定詞 to live in の意味上の主語を表す。**

8 A service company will clean the hallways and entries of the apartment building. It is convenient for busy people.

POINT　**service company「サービス会社」。hallway「廊下、玄関」。entry「入口、玄関」。**

9 Most apartments have security cameras in the parking lot. It is good for the safety.

POINT　**security camera「監視カメラ」。parking lot「駐車場」。**

10 The upper floors of the apartment building get particularly good sunshine. It is comfortable to live there.

POINT　**upper floors「上層階」。comfortable「快適な」。**

基本動詞使い分けクイズ４

英検では簡単な動詞を含んだ表現についての問題がよく出題されます。間違いやすい基本動詞の使い分けを問うクイズに挑戦して、得点力アップをはかりましょう。日本語の意味に合うように枠の中から動詞を１つ選んで下の文の空所に入れてください。必要に応じて適切な形に直しましょう。

break	call	come	get	give	go
keep	look	make	put	take	turn

1 忙しい学生は最新のファッションについていくのが難しいと感じる。

Busy students find it difficult to _______ up with the latest fashions.

2 ペットの死を乗り越えるのに私は何ヶ月もかかった。

It took me months to _______ over the death of my pet.

3 今日子どもたちは新しい技術をうまく活用している。

Today children _______ advantage of new technology.

4 ティムは帰宅途中に友人を訪ねた。

Tim _______ on his friend on his way back home.

5 私たちは１時間待ったがジムは現れなかった。

We waited an hour, but Jim did not _______ up.

6 マイクは試験で良い成績を取るために努力した。

Mike _______ an effort to get better grades on his exams.

7 発展途上国は今根本的な変革を経験している。

Developing countries are now _______ through a radical change.

8 気をつけて！ バイクが来るよ。

_______ out! There's a motorbike coming.

答え 1 keep 2 get 3 take 4 called 5 turn 6 made 7 going 8 Look

DAY 7
ミニ模試

筆記試験・リスニングテスト

今日の課題

筆記試験 1 短文の語句空所補充 ………… 5問
筆記試験 2 長文の語句空所補充 ………… 3問
筆記試験 3 長文の内容一致選択 ………… 3問
リスニングテスト 第1部 会話の応答文選択 ………… 2問
リスニングテスト 第2部 会話の内容一致選択 ………… 2問
リスニングテスト 第3部 文の内容一致選択 ………… 2問

[目標解答時間：20分+リスニング]

筆記試験

目標解答時間 ＞20分

1 次の（1）から（5）までの（　　　）に入れるのに最も適切なものを1, 2, 3, 4の中から一つ選びなさい。

（1） Ms. Kirshman was surprised at the large number of people who (　　　) her lecture on gardening. There were almost no empty seats in the room.

1 sailed　**2** attended　**3** guarded　**4** failed

（2） Lisa wants to buy a new table and some chairs, so she will go to a (　　　) store this weekend to look at some.

1 clothing　**2** magic　**3** grocery　**4** furniture

（3） Ms. Jones is a kindergarten teacher, and she is (　　　) a class of 25 children. She often meets with parents to tell them how their children are doing.

1 jealous of　**2** poor at
3 responsible for　**4** due to

（4） A: Mom, where are we going to celebrate my birthday?
B: It's (　　　) to you, Tim. It's your birthday, so you can decide.

1 off　**2** out　**3** in　**4** up

（5） A: Sorry I'm late, Kenji. Did I make you (　　　) for a long time?
B: Don't worry. I just got here five minutes ago.

1 to wait　**2** waiting
3 wait　**4** to have waited

2 次の英文を読み、その文意にそって（6）から（8）までの（　　　）に入れるのに最も適切なものを 1, 2, 3, 4 の中から一つ選びなさい。

Pink and Blue

When we walk through a toy store, we often notice that there are two sections for toys — a pink section and a blue section. The pink section is filled with dolls, stuffed animals, and cooking sets. The blue section has cars, building blocks, and science sets. From a very early age, girls and boys are told to（ 6 ）. Girls should choose toys from the pink section, and boys should pick ones from the blue section.

Recently, some people have begun to worry about this. They say that toys help children learn important things. For example, when children play with dolls, they learn to take care of people and to be kind. On the other hand, children who play with science sets and building blocks become more interested in science. Many parents want（ 7 ）all these things. They want their daughters to be interested in science and their sons to be kind. Therefore, more and more parents want all their children to play with both "girls' toys" and "boys' toys."

Some toy companies are listening to these parents' concerns. In the United States, one large chain store has stopped separating toys into a girls' section and a boys' section. In Europe, one toy company's catalogs show boys playing with baby dolls and girls playing with cars. Many parents are happy（ 8 ）. This is because they believe that it is making the world a better place for boys and girls.

(6) **1** talk to each other nicely
2 finish homework quickly
3 play with different toys
4 visit toy stores together

(7) **1** their daughters to stop doing
2 their sons to stop doing
3 both boys and girls to learn
4 teachers and schools to prepare

(8) **1** to help their child
2 to buy less
3 with the old way
4 with this change

3 次の英文の内容に関して、(9)から(11)までの質問に対して最も適切なもの、または文を完成させるのに最も適切なものを **1, 2, 3, 4** の中から一つ選びなさい。

From: Veronica Helms <v-helms5@onenet.com>
To: Kevin Kovak <kevin.kovak@truemail.com>
Date: June 3
Subject: Concert

Hi Kevin,
Guess what! Last week, my sister won two tickets to a classical music concert. The concert is this Thursday evening. She can't go because she's a nurse and she works in the evenings at the hospital. She gave the tickets to me because she knows I love classical music. I even studied it in college. Do you want to go with me?
I'm trying to decide what to wear. These days, people can wear what they want to concerts. Some people like to dress up in nice clothes, but other people go in jeans and a T-shirt. If we go, what do you want to wear? I'd like to dress nicely, but if you want, we could dress in more comfortable clothes. Let me know!
The concert starts at 7 p.m. and will be at the Taylorsville Theater. That's on Main Street, and there are some nice restaurants nearby. We could go for dinner before the concert starts, if you like. Anyway, give me a call and let me know if you can come. If not, I'll have to ask someone else soon. See you!
Your friend,
Veronica

(9) What is true about Veronica?

1 She won a music contest.
2 She is a nurse at a hospital.
3 She bought tickets to a concert.
4 She studied music in college.

(10) Veronica says that, when people go to concerts, they

1 can wear anything that they want to.
2 have to wear something comfortable.
3 should not wear jeans and T-shirts.
4 must not wear nice clothing there.

(11) What does Veronica suggest doing before the concert?

1 Getting their tickets nearby.
2 Eating dinner at a restaurant.
3 Taking a walk on Main Street.
4 Asking some friends to go with them.

リスニングテスト

◀38 >>> 39

第1部

対話を聞き、その最後の文に対する応答として最も適切なものを、放送される1, 2, 3の中から一つ選びなさい。

No. 1 ～ No. 2（選択肢は放送されます。）

◀40 >>> 41

第2部

対話を聞き、その質問に対して最も適切なものを1, 2, 3, 4の中から一つ選びなさい。

No. 3

1 She wants to sell used toys.
2 She is looking for a present.
3 She needs a poster.
4 She lost her Space Race DVD.

No. 4

1 She has never cooked before.
2 She does not like spaghetti.
3 She is learning how to cook.
4 She is writing a cookbook.

◀42 >>> 43

第3部 英文を聞き、その質問に対して最も適切なものを1, 2, 3, 4の中から一つ選びなさい。

No. 5

1 His friend works at an electronics store.
2 His grandparents told him to get one.
3 He wants to buy a present for his grandparents.
4 He needs more money for a smartphone.

No. 6

1 Swim teams cannot use the indoor pool today.
2 High school students must not use the outdoor pool.
3 The indoor pool will be closed tomorrow morning.
4 The outdoor pool will be repaired at 12 p.m.

正解一覧

筆記試験

1

(1)	(2)	(3)	(4)	(5)
2	4	3	4	3

2

(6)	(7)	(8)
3	3	4

3

(9)	(10)	(11)
4	1	2

リスニングテスト

1

No. 1	No. 2
2	1

2

No. 3	No. 4
2	3

3

No. 5	No. 6
4	3

訳と解説

筆記1 短文の語句空所補充

(1) 正解 2

訳 カーシマンさんは、たくさんの人たちがガーデニングについての彼女の講演に出席しているのに驚いた。部屋には空いている席がほとんどなかった。

1 航行した　2 出席した　3 保護した　4 失敗した

解説 第2文で There were almost no empty seats in the room (部屋には空いている席がほとんどなかった) とあるので、カーシマンさんが驚いたのは彼女の講演を聞きにたくさんの人が集まっていたからだと考えられる。よって、2が正解。

(2) 正解 4

訳 リサは新しいテーブルと椅子をいくつか買いたいと思っているので、彼女は今週末に家具店に行っていくつか見るつもりだ。

1 衣料品　2 魔法　3 食料品　4 家具

解説 文の前半にリサが買いたいものは a new table and some chairs (テーブルと椅子をいくつか) だとあるので、彼女が週末に行こうとしているのは 4 furniture (家具) の店だと考えられる。

(3) 正解 3

訳 ジョーンズさんは幼稚園の先生で、25人の子どものクラスを担当している。彼女は頻繁に両親と面談して、子どもたちの様子について話している。

1 ～に嫉妬して 2 ～が下手で 3 ～の担当で 4 ～が理由で

解説 幼稚園の先生をしているジョーンズさんと a class of 25 children (25人の子どものクラス) との関係を考えれば 3 responsible for (～の担当で) が選べる。子どもの両親と会って子どもたちの様子について話すという第2文の内容とも一致する。

(4) 正解 4

訳 A：お母さん、僕の誕生日はどこでお祝いするの？
B：それはあなた次第よ、ティム。あなたの誕生日だから、あなたが決めていいのよ。

1 off 2 out 3 in 4 up

解説 母親の発言中のあなたの誕生日だから you can decide (あなたが決めていいのよ) という内容と合うように、4を入れて It's up to you (それ＝誕生日をどこで祝うかはあなた次第だ) とすれば良い。be up to ～(～次第だ) は重要な表現なので必ず覚えよう。

(5) 正解 3

訳 A：遅れてごめんなさい、ケンジ。長い間待たせちゃったかしら？
B：心配しなくていいよ。たった5分前にここに着いたばかりだから。

1 to wait 2 waiting
3 wait 4 to have waited

解説 「make O V原形」で「OをVさせる」という意味になる。V原形の代わりに to 不定詞や動名詞 (～ ing) は使えないので注意しよう。2を入れるとしたらmakeではなくkeep O waitingで「Oを待たせたままにする」の意味になる。

筆記2 長文の語句空所補充

ピンクとブルー

おもちゃ屋を歩くと、2つのおもちゃ売り場があることによく気づく。ピンク色の売り場と青色の売り場だ。ピンクの売り場では人形やぬいぐるみ、ままごとセットがあふれている。青の売り場には、車や積み木、科学キットがある。幼い頃から女の子と男の子は異なるおもちゃで遊ぶように言われる。女の子はピンクの売り場からおもちゃを選び、男の子は青の売り場からおもちゃを選ぶようにすすめられる。

最近、このことについて心配し始めている人たちがいる。彼らは、子供たちが重要なことを学ぶのにおもちゃが役立つのだと言う。例えば、子供たちが人形で遊ぶとき、人々の世話をすることと親切になることを学ぶ。一方で、科学キットや積み木で遊ぶ子供たちは、科学により関心を持つようになる。多くの親は男の子も女の子もこれらすべてのことを学ぶことを望んでいる。彼らは自分の娘が科学に興味を持ち、自分の息子が親切になることを望む。したがって、自分の子供たちがみんな「女の子のおもちゃ」と「男の子のおもちゃ」の両方で遊ぶことを望む親が増えている。

こうした親の懸念に耳を傾けている玩具会社もある。米国では、ある大規模チェーン店が、おもちゃを女の子用と男の子用に分けるのをやめた。ヨーロッパでは、ある玩具会社のカタログには赤ちゃんの人形で遊ぶ男の子と車で遊ぶ女の子が掲載されている。多くの親はこの変化に満足している。男の子と女の子にとって世の中がより良い場所になっていると信じているからだ。

（6） 正解 3

選択肢の訳　1 お互いに丁寧に話しかける　2 早く宿題を終える
3 異なるおもちゃで遊ぶ　4 おもちゃ屋へ一緒に行く

解説　第1文と第2文でおもちゃ屋にはピンクと青の2つの売り場があり、それぞれ置いてあるものが違うとあり、第5文で女の子ならピンクの売り場から、男の子なら青の売り場から選ぶべきだと書かれている。つまり、男女で遊ぶおもちゃが違うということなので、3が正解。

（7） 正解 3

選択肢の訳　1 自分の娘たちがやめる　2 自分の息子たちがやめる
3 男の子も女の子も学ぶ　4 教師と学校が準備する

解説　第2パラグラフ第3文と第4文によると、子供は人形遊びで to take care of people and to be kind（人々の世話をすることと親切になること）を学び、科学キットや積み木で遊ぶと more interested in science（科学により興味を持つ）ようになる。第6文では娘も科学に興味を持ち、息子も親切になってほしいと多くの親たちが望んでいるとあるので、3が内容的に一致する。

（8） 正解 4

選択肢の訳　1 子供を手伝う　2 少なく買う
3 古いやり方に　4 この変化に

解説　第3パラグラフ第2文では、ある会社が separating toys into a girls' section and a boys' section（おもちゃを女の子用と男の子用に分けること）をやめて、第3文では boys playing with baby dolls（赤ちゃんの人形で遊ぶ男の子）と girls playing with cars（車で遊ぶ女の子）の写真がカタログに載っているとあり、今までの状況とは変わってきていることが分かる。

筆記3　長文の内容一致選択

送信者：ヴェロニカ・ヘルムズ <v-helms5@onenet.com>
宛先：ケヴィン・コヴァック <kevin.kovak@truemail.com>
日付：6月3日
件名：コンサート

こんにちはケヴィン、
ねえ、ちょっと聞いて。先週、妹がクラシック音楽コンサートのチケットを2枚手に入れたの。今週の木曜日の夜のコンサートなんだけど。彼女は看護師で夜は病院で働いているから行けないんだって。彼女は私がクラシック音楽が好きだと知っているから、私にチケットをくれたの。私は大学でクラシック音楽の勉強をしたくらいだからね。私と一緒に行かない?
今、何を着ていくか決めているところよ。最近は、着たい服を着てコンサートに行けるのよね。素敵な服で着飾るのが好きな人もいるけど、ジーンズとTシャツで行く人もいるわ。一緒に行くとしたら、どんな服装がいい？ 私はきちんとした服がいいけど、あなたが望むなら一緒にもっと気楽な服を着て行くこともできるわ。どっちがいいか教えて。
コンサートは午後7時に始まって、場所はテイラーズビル劇場よ。メインストリートにあって、近くにいくつかの素敵なレストランがあるわ。もし良ければ、コンサートが始まる前に夕食を食べに行ってもいいでしょう。とにかく、私に電話してあなたが来られるかどうか教えて。ダメだったら、すぐに別の人に声をかけないといけないから。じゃあね。
あなたの友だち
ヴェロニカより

(9) 正解 4

訳 ヴェロニカについて当てはまることは何か。

1 音楽のコンテストに優勝した。
2 病院の看護師だ。
3 コンサートの切符を買った。
4 大学で音楽を学んだ。

解説 ヴェロニカは第1パラグラフ第5文でクラシック音楽が好きだと書き、第6文でI even studied it in college.（私は大学でそれ＝クラシック音楽の勉強をした）と述べているので、4が正解である。

(10) 正解 1

訳 ヴェロニカが言うには、人々がコンサートに行くとき、彼らは

1 何でも着たい服を着ることができる。
2 快適なものを着ないといけない。
3 ジーンズやTシャツを着用すべきではない。
4 そこで素敵な服を着てはいけない。

解説 ヴェロニカは第2パラグラフ第2文で近頃はコンサートに行く人はwhat they want [to wear]（着たい服）を着ているとあり、第3文で着飾る人もいればジーンズとTシャツの人もいると具体的に述べている。同じ内容の言い換えとして1を選ぶ。

(11) 正解 2

訳 ヴェロニカはコンサートの前に何をすることを提案しているか？

1 近くでチケットを入手する。
2 レストランで夕食を食べる。
3 メインストリートを散歩する。
4 友だちと一緒に行くように頼む。

解説 第3パラグラフ第2文で劇場の近くにnice restaurants（素敵なレストラン）がいくつかあるから、コンサート前にWe could go for dinner before the concert starts（コンサートが始まる前に夕食を食べに行ってもいいでしょう）と書いているので、2が内容的に一致する。

リスニング 第1部 会話の応答文選択

No. 1

38

スクリプト **W:** David, I need a favor.

M: Certainly, Ms. Johnson, what can I do?

W: Please help me with my sales presentation. Can you make 10 copies of these documents and bring them to my office?

1 Well, I've already finished my presentation.

2 Of course. I'll get started now.

3 No, I don't have an office.

訳 **女性:** デービッド、お願いがあるんだけど。

男性: いいですよ、ジョンソンさん。どうすればいいですか。

女性: 私の販売のプレゼンを手伝って欲しいんです。この書類のコピーを10部作って私のオフィスに持って来てもらえますか？

正解 2

選択肢の訳 **1** さて、私はすでに自分のプレゼンを終えました。

2 もちろん。今やりますよ。

3 いいえ、私にオフィスはありません。

解説 冒頭で女性からのお願いに男性がCertainly（いいですよ）と答えているので、女性が書類のコピーを作って欲しいという具体的な依頼にも、男性は快諾するはずだ。Of course（もちろん）で始まる2が正解。

No. 2

🔈39

スクリプト **W:** Honey, your mother is on the phone.

M: Oh. Can you tell her I'll call her back? I need to take a shower.

W: She says it's really important.

1 OK, give me the phone.

2 Yes, I turned the water off.

3 Sure. I'll be back in two hours.

訳 **女性：** あなた、お母さんから電話よ。

男性： ああ。またかけ直すって言ってもらえるかなあ？ 私はシャワーを浴びなきゃいけないんだ。

女性： とても重要なことだって言ってるけど。

正解 1

選択肢の訳 **1** 分かったよ、電話を貸して。

2 うん、水道の蛇口は閉めたよ。

3 もちろん。2時間したら戻ってくるよ。

解説 母親からの電話に男性は後でかけ直したいと思っている。しかし、取り次いでいる女性のShe says it's really important（とても重要なことだって言っている）という発言を考えると、男性はすぐに電話に出ざるを得ないだろう。自然な会話となるように1を選ぶ。

No. 3

◀40

スクリプト

M: Welcome to Benson's Toy Shop. How can I help you?

W: Hi. Do you sell any toys from the movie *Space Race*? My son's a big fan, and he collects everything related to it. His birthday's next month, and I'd like to get him something.

M: Sure. We have lots of *Space Race* toys. We also have models, posters, and other goods.

W: Great. Can you show me where they are?

Question: Why is the woman at the store?

訳

男性： ベンソンのおもちゃ屋へようこそ。どんな御用でしょうか？

女性： こんにちは。こちらでは映画「スペースレース」のおもちゃを販売していますか？ 息子が大ファンで、その映画に関係するものをいろいろ集めているんです。彼の誕生日が来月なので、何か買ってあげたいんです。

男性： もちろん、「スペースレース」のおもちゃでしたらたくさんありますよ。模型、ポスターなどの商品もございます。

女性： それは良かったです。売り場まで案内していただけますか？

質問： 女性はなぜ店にいるのか。

正解 2

選択肢の訳

1 中古のおもちゃを売りたい。

2 プレゼントを探している。

3 ポスターを必要としている。

4 「スペースレース」のDVDをなくした。

解説

おもちゃ屋での男性店員と女性客の会話だ。女性が自分の息子についてHis birthday's next month, and I'd like to get him something（彼の誕生日が来月なので、何か買ってあげたいんです）と述べているので、2が正解。

No. 4

◀41

スクリプト **W:** Dad, taste this. It's a new pasta sauce recipe from a cookbook that I just bought.

M: Mmm. That's not bad. It might need some more salt and pepper, though.

W: Oh no. I'll never be a famous chef if I can't even follow a simple recipe.

M: It's OK, Annie. You just started cooking this year. It will take you a while to get good at it.

Question: What is one thing we learn about the girl?

訳 **女性：**お父さん、味見してみて。私が買ったばかりの料理の本に載ってた新しいパスタソースのレシピなの。

男性：うーん。悪くないね。ただ、塩とコショウをもう少し入れた方がいいかもしれないね。

女性：あら、いやだ。簡単なレシピの通りにも作れなかったら、有名なシェフには絶対なれないわ。

男性：大丈夫だよ、アニー。今年料理を始めたばかりなんだから。上手くなるのに少し時間がかかるだけだよ。

質問：女の子について何が分かるか。

正解 3

選択肢の訳

1 それまで一度も料理したことがない。

2 スパゲッティが好きではない。

3 料理の仕方を学んでいる。

4 料理の本を書いている。

解説 料理をしている娘と父親の会話だ。味見の後で自信をなくしている娘を父親が励ましているが、その中で彼は娘に対して料理を始めたばかりなので It will take you a while to get good at it（上手くなるのに少し時間がかかる）と述べている。3 が内容的に一致する。

リスニング 第3部 文の内容一致選択

No. 5

◀42

スクリプト For Richard's 17th birthday last week, he got $200 from his grandparents. They gave him money because he said he wanted to buy a new smartphone. Yesterday, Richard went to an electronics store to buy one, but the phone he wanted actually cost $400. Richard has decided to get a part-time job and save money to buy it.

Question: Why has Richard decided to get a part-time job?

訳 先週のリチャードの17歳の誕生日に、彼は祖父母から200ドルをもらった。彼が新しいスマートフォンを買いたいと言ったので、彼らはお金をあげたのだ。昨日、リチャードはスマートフォンを買うために電気店に行ったが、欲しかった機種が実際には400ドルだった。リチャードはアルバイトをしてそれを買うためにお金を貯めることにした。

質問： リチャードはなぜアルバイトをすることにしたのか。

正解 4

選択肢の訳
1 友人が電気店で働いている。
2 祖父母がアルバイトをするように言った。
3 祖父母のプレゼントを買いたいと思っている。
4 スマートフォンを買うのにもっとお金が必要だ。

解説 リチャードが祖父母からもらったお金でスマートフォンを購入しようとしているが、もらった金額よりも欲しい機種の値段の方が高いのが問題だ。Richard has decided to get a part-time job and save money to buy it（リチャードはアルバイトをしてそれを買うためにお金を貯めることにした）という結論からも、正解が4である裏付けが取れる。

No. 6

◀43

スクリプト Welcome to the Maytown public pool. Our opening hours are between 7 a.m. and 6 p.m., Tuesday to Sunday. However, the indoor pool will be closed for repairs tomorrow from 7 a.m. to 12 p.m. The outdoor pool will be open, but the Maytown High School swim team will use two of the lanes for practice.

Question: What is one thing that the speaker says?

訳 メイタウン市民プールへようこそ。開館時間は、火曜日から日曜日の午前 7 時から午後 6 時です。ただし、屋内プールは明日の午前 7 時から 12 時まで修理のため営業いたしません。屋外プールは営業いたしますが、メイタウン高校の水泳チームが練習用に 2 つのレーンを使用します。

質問 : 話し手が言っていることは何か。

正解 3

選択肢の訳
1 水泳チームは今日屋内プールを使用できない。
2 高校生は屋外プールを使用してはいけない。
3 屋内プールは明日の午前中は営業しない。
4 屋外プールが正午 12 時に修理される。

解説 市民プールのアナウンスだ。午前 7 時から開館していることを連絡した後に、the indoor pool will be closed for repairs tomorrow from 7 a.m. to 12 p.m.（屋内プールは明日の午前 7 時から 12 時まで修理のため営業いたしません）と述べられているので、この内容を言い換えた 3 が正解。

DAY 8
ミニ模試

筆記試験・リスニングテスト

今日の課題

筆記試験 1 短文の語句空所補充 ………… 5問
筆記試験 2 会話文の文空所補充 ………… 2問
筆記試験 3 長文の内容一致選択 ………… 4問
リスニングテスト 第1部 会話の応答文選択 ………… 2問
リスニングテスト 第2部 会話の内容一致選択 ………… 2問
リスニングテスト 第3部 文の内容一致選択 ………… 2問

［目標解答時間：20分＋リスニング］

筆記試験

目標解答時間 ＞ 20分

1 次の（1）から（5）までの（　　　）に入れるのに最も適切なものを1, 2, 3, 4の中から一つ選びなさい。

（1） Justin is going to finish college in two months. After he (　　　), he will travel around Asia.

1 records　**2** graduates　**3** continues　**4** provides

（2） Doctors are always looking for new medicines to stop (　　　) from killing people.

1 topics　**2** journeys　**3** comedies　**4** diseases

（3） There will be a meeting at City Hall next week to discuss the plans for a new sports stadium. The meeting will take (　　　) on Friday at 3 p.m.

1 place　**2** note　**3** orders　**4** turns

（4） Tom (　　　) to eat dinner, but his sister called and said that their mother was in the hospital. He left his dinner on the table and went there quickly.

1 was about　**2** was forced
3 had no right　**4** had no reason

（5） A: Kelly, how old is your son?
B: He's one. He can't talk yet, but he seems (　　　) what I say to him.

1 has understood　**2** to understand
3 understands　**4** understanding

2 次の会話文を完成させるために、(**6**) から (**7**) に入るものとして最も適切なものを **1, 2, 3, 4** の中から一つ選びなさい。

A: Excuse me. I need some help.
B: Yes? What can I do for you?
A: Well, I'm looking for a pair of skis, but (**6**).
B: That's easy to find out. How tall are you?
A: I'm 170 centimeters.
B: All right. Then, these should fit you.
A: Thank you. (**7**)?
B: I'm sorry, but our machine is broken. You need to pay by cash.

(**6**) **1** I don't know my size
2 I don't have much money
3 I already have some boots
4 I already found a nice pair

(**7**) **1** Can I pay by credit card
2 Can you fix them for me
3 Do I need to show you
4 Do you know where they are

3 次の英文の内容に関して、(8)から(11)までの質問に対して最も適切なもの、または文を完成させるのに最も適切なものを**1, 2, 3, 4** の中から一つ選びなさい。

The Bajau

In the Pacific Ocean around the Philippines, Malaysia, and Indonesia, there is a group of people known as the Bajau. In the past, these people did not live on land. Instead, they spent their whole lives on small boats in the ocean. These days, many Bajau live in homes built on wooden poles in the sea, but they still spend a lot of their time on boats. They only sometimes go on land to buy things that they need.

The ocean is very important to the Bajau. They dive deep into the water to hunt for fish or collect seaweed to eat. Sometimes they catch extra fish, which they trade on land for rice, water, and other household goods. They also collect oysters so that they can get pearls, which they then sell for high prices.

Recent research on the Bajau language shows that the Bajau may have come from the island of Borneo in the 11th century. However, nobody is sure why the Bajau originally began to live on the ocean instead of on land. According to an old story, a princess from Borneo got lost in the ocean during a storm. Her father, the king, told some people living in his land that they must search for her in the ocean. He also said that they must not return until they found her. Because the princess was never found, those people stayed on the ocean forever.

Although the Bajau have a long history of living at sea, their way of life has started to change. One of the main reasons for this is damage to the environment. The ocean has become dirtier, and the number of fish is decreasing. As a result, the Bajau cannot get enough food, so they have to look for other ways to get it. By protecting the environment, we can also protect the Bajau's unique culture.

(8) What is true about the Bajau?

1 They are afraid of traveling in small boats.
2 They build houseboats and sell them to visitors.
3 They use wooden poles to catch fish in the sea.
4 They spend most of their time on the ocean.

(9) Why is the ocean important to the Bajau?

1 They are able to get most of the things that they need from it.
2 They use water from it to grow rice and other food.
3 They have special boats where they keep household goods.
4 They swim and dive in the ocean on their days off.

(10) What has recent research found about the Bajau?

1 Their princess brought them to the ocean during a storm many years ago.
2 Their first king thought that life would be better if they lived on the sea.
3 They learned how to speak a new language when they moved to Borneo.
4 They might have come from the island of Borneo around 1,000 years ago.

(11) The Bajau need to look for new ways to find food because

1 many young people do not like to eat fish any more.
2 damage to the ocean is causing the number of fish to go down.
3 their culture is changing quickly which makes it difficult to find food.
4 they do not want to hurt the environment of the ocean by catching fish.

リスニングテスト

◀44 >>> 45

第1部

対話を聞き、その最後の文に対する応答として最も適切なものを、放送される 1, 2, 3 の中から一つ選びなさい。

No. 1 ～ No. 2（選択肢は放送されます。）

◀46 >>> 47

第2部

対話を聞き、その質問に対して最も適切なものを 1, 2, 3, 4 の中から一つ選びなさい。

No. 3

1 The weather was bad.
2 The neighbors were loud.
3 She had to study for an exam.
4 She was reading a library book.

No. 4

1 When to buy camping goods.
2 Where to stay in California.
3 What to do this summer.
4 Whether to sell their car.

🔈48 >>> 49

第3部

英文を聞き、その質問に対して最も適切なものを **1, 2, 3, 4** の中から一つ選びなさい。

No. 5

1 It can become very big in size.
2 It can move very quickly.
3 It does not like cold water.
4 It does not eat other jellyfish.

No. 6

1 Send an e-mail to his daughter.
2 Take pictures of the local library.
3 Get better at using his computer.
4 Borrow a book about computers.

正解一覧

筆記試験

1

(1)	(2)	(3)	(4)	(5)
2	4	1	1	2

2

(6)	(7)
1	1

3

(8)	(9)	(10)	(11)
4	1	4	2

リスニングテスト

1

No. 1	No. 2
1	2

2

No. 3	No. 4
1	3

3

No. 5	No. 6
1	3

訳と解説

筆記 1 短文の語句空所補充

(1) 正解 2

訳 ジャスティンは2ヶ月したら大学を終了する予定だ。彼は卒業したら、アジアを旅するつもりだ。

1 録音する　2 卒業する　3 続く　4 提供する

解説 第1文からジャスティンが近い将来大学を卒業することが分かる。第2文で he will travel around Asia（彼はアジアを旅するつもりだ）と書かれているが、それは正式に大学を出てからだと考えられるので、finish college とほぼ同じ意味の 2 graduates（卒業する）を選ぶ。

(2) 正解 4

訳 医者は病気で人が亡くなるのを防ぐために常に新しい薬を探している。

1 話題　2 旅　3 喜劇　4 病気

解説 stop O from ～ ing で「O が～するのを止める」の意味。文の主語である Doctors（医者）と関連がある 4 diseases（病気）を入れると to stop diseases from killing people となり、文字通りには「病気が人々を殺すのを止めるために」を意味して、医者が新しい薬を探している目的を表すことができるので、これが正解。

(3) 正解 1

訳 来週は市役所で新しいスポーツスタジアムの計画について話し合う会議が開かれる予定だ。会議は金曜日の午後3時に行われる。

1 (take) place 開かれる　　2 (take) note 気づく
3 (take) orders 注文を受ける　　4 (take) turns 交代で行う

解説 来週の会議について、第2文で詳しい情報として金曜日の午後3時という日時が加えられているので、「行われる」と同様の表現となるように1を選ぶ。take place の意味は2つで、①起きる、生じる = happen, occur ②（会などが）開催される = be held。

(4) 正解 1

訳 トムは夕食を食べるところだったが、彼の妹から電話があり母親が入院したとのことだった。彼は夕食をテーブルの上に置いたまま、すぐにそこへ向かった。

1 まさに〜するところだった　　2 無理やり〜させられた
3 〜する権利がなかった　　4 〜する理由がなかった

解説 空所を含む節の後に but（しかし）があり、妹からの緊急の電話の後すぐにトムが病院に向かったことが分かる。第2文で He left his dinner on the table（彼は夕食をテーブルの上に置いたままにした）とあるので、彼が食べる直前の状況を表すように1を選ぶ。be about to V で「まさにVしようとするところだ」の意味。

(5) 正解 2

訳 A：ケリー、息子さんは何歳ですか？
B：1歳よ。まだ話せないけど、私が言うことは分かるみたい。

1 has understood　　2 to understand
3 understands　　4 understanding

解説 S seem to V で「S は V するようだ」の意味になるので、不定詞の2が正解。It seems that S V でもほぼ同じ意味を表すことができるが、その場合は It seems that he understands ... となり、V は三単現になる。

筆記 2 会話文の文空所補充

A：すみません。ちょっとお尋ねしたいのですが。
B：はい、どういうご用件ですか？
A：ええと、私はスキー板を探しているのですが、自分のサイズが分からないんです。
B：それなら簡単に分かりますよ。身長はおいくつですか？
A：170 センチです。
B：分かりました。そうしますと、これがあなたに合うはずです。
A：ありがとうございます。クレジットカードで払えますか？
B：すみませんが、機械が壊れているんです。現金でお支払いいただく必要があります。

（6） 正解 1

選択肢の訳
1 自分のサイズが分からない
2 お金があまりない
3 すでにブーツをいくつか持っている
4 すでにいいのを見つけました

解説 スキー板を探している客と店員の会話だ。空所の後で B が How tall are you?（身長はおいくつですか？）と A に聞いているので、B は A の身長からちょうどいい大きさのスキー板を薦めようとしていることが分かる。A の発言の一部として 1 が適合する。

（7） 正解 1

選択肢の訳
1 クレジットカードで払えますか
2 あなたは修理できますか
3 あなたに見せる必要はありますか
4 どこにあるか分かりますか

解説 空所の後に B は機械の故障で支払い方法を by cash（現金で）と指定しているので、A が現金以外の支払い方法の可能性を尋ねるようにすれば良い。1 が正解。

バジャウ族

フィリピン、マレーシア、そしてインドネシア周辺の太平洋には、バジャウ族として知られる集団がいる。かつて、この人たちは陸上で生活していなかった。その代わり、彼らは一生の間ずっと海上で小さなボートに乗って生活していた。最近では、多くのバジャウ族が海上の木の棒の上に建てられた家に住んでいるが、今でもボートの上でほとんどの時間を過ごしている。彼らは必要なものを買うためにたまにしか陸地に行かない。

海はバジャウ族にとって非常に重要だ。彼らは水中深く潜って、食用にするために魚を獲ったり、海藻を採ったりする。時々彼らは余分に魚を捕まえて、陸上で米や水などの生活必需品と交換している。彼らはまた真珠を手に入れて、それを高値で売るために真珠貝を採る。

バジャウの言語に関する最近の研究によると、バジャウ族は11世紀にボルネオ島から来た可能性がある。しかし、なぜバジャウ族がもともと陸上ではなく海上に住み始めるようになったのか、誰もはっきりとは分かっていない。ある昔話によると、ボルネオの王女が嵐の間に海で迷子になった。彼女の父親である王は自分の土地に住んでいる何人かの人たちに海で彼女を捜すようにと言った。また、彼は彼らに彼女を見つけるまで戻ってはいけないと言った。王女が見つからなかったので、それらの人たちは永遠に海にとどまった。

バジャウ族には海上で生活してきた長い歴史があるが、彼らの生活様式が変わり始めている。この主な理由の1つが環境被害だ。海が汚くなり、魚の数が減っている。その結果、バジャウ族は十分な食料を手に入れることができないため、食料を手に入れるための他の方法を探す必要がある。環境を守ることで、私たちはバジャウ族の独自の文化も守ることができる。

（8） 正解 4

訳 バジャウ族について当てはまることは何か。

1 小さな船で旅行するのが怖い。
2 屋形船を作り訪問者に売る。
3 海で魚を捕まえるために木の棒を使う。
4 大部分の時間を海上で過ごす。

解説 第1パラグラフ第4文で多くのバジャウ族について近頃は海の上に建てた家に住んでいるが、they still spend a lot of their time on boats（今でもボートの上でほとんどの時間を過ごしている）とある。これと同じ内容の4が正解。

（9） 正解 1

訳 海はなぜバジャウ族にとって重要なのか。

1 彼らが必要とするもののほとんどをそこから得ることができる。
2 そこの水を使って米や他の食物を栽培する。
3 家庭用品を保管する特別な船を持っている。
4 休みの日に海で泳いだり潜ったりする。

解説 バジャウ族にとっての海の重要性は第2パラグラフで具体的に説明されている。第2文にto eat（食べるために）魚などを入手し、第3文ではそれらを生活必需品とtrade（交換する）などもして、第4文では牡蠣を採ってその中で作られる真珠を高値で売っていると書かれてある。こうした内容の簡潔なまとめとして1を選ぶ。

(10) 正解 4

訳 最近の研究でバジャウ族について何が分かったか?

1 何年も前の嵐の中の時に彼らの王女が彼らを海に連れて行った。
2 彼らの最初の王は、彼らが海上に住んだら生活がもっと良くなるだろうと思った。
3 ボルネオに引っ越した時に新しい言語を話す方法を学んだ。
4 約1000年前にボルネオ島から来た可能性がある。

解説 第3パラグラフ第1文にバジャウ族の言語についての最近の研究によって分かったこととして、the Bajau may have come from the island of Borneo in the 11th century(バジャウ族は11世紀にボルネオ島から来た可能性がある)と書かれている。11世紀は今から約1000年前なので、同じ内容の4が正解。

(11) 正解 2

訳 バジャウ族は、食べ物を見つけるための新しい方法を探す必要がある。なぜなら、

1 多くの若者たちが魚を食べたがらなくなっている。
2 海への被害によって魚の数が減少している。
3 彼らの文化は急速に変化していて、そのため食べ物を見つけるのが困難になっている。
4 彼らは魚を捕まえることで海の環境を傷つけたくない。

解説 第4パラグラフでバジャウ族の生活の変化について説明されている。その理由として、第2文にdamage to the environment(環境被害)が挙げられ、そのため第3文ではthe number of fish(魚の数)が減っていて、最終的に第4文でother ways to get it(それ=十分な食料を手に入れるための他の方法)を探さなければならないとある。同じ内容の2が正解。

リスニング 第1部 会話の応答文選択

No. 1

◀44

スクリプト **M:** Julie, hurry up. We're going to be late for your dance lesson.
W: I know, Dad, but I can't find my dance shoes.
M: I put them in your bag for you.

1 Oh, thanks. I'm ready to go, then.
2 Yes, but I don't have my shoes.
3 Well, I just got them last month.

訳 **男性：**ジュリー、急いで。ダンスのレッスンに間に合わなくなるよ。
女性：分かってるわ、お父さん。ダンスシューズが見つからないのよ。
男性：それならバッグに入れといたよ。

正解 1

選択肢の訳 **1** あら、ありがとう。じゃあ、もう準備できたわ。
2 ええ、でも靴は持っていません。
3 ええと、先月買ったばかりです。

解説 出発を急ぐ娘と父親の会話だ。自分のdance shoes（ダンスシューズ）を探している娘に対して父親がI put them in your bag for you（それならバッグに入れといたよ）と言っている。探し物の問題は解決したことになるので、1が正解。

No. 2

◀45

スクリプト

M: Hollywood Theater, can I help you?

W: Hello. Are you still showing the movie *The Forgotten Desert?*

M: No, we're not, ma'am. We stopped showing that last week.

1 Oh no. The story sounds really boring.

2 Oh no. I really wanted to see that.

3 Oh no. That's too long for a movie.

訳

男性：ハリウッドシアターです。どのようなご用件ですか？

女性：もしもし。そちらではまだ「忘れられた砂漠」は上映中ですか？

男性：いいえ、上映しておりません、お客様。先週で終了いたしました。

正解 2

選択肢の訳

1 あら、残念。本当につまらなさそうな話ね。

2 あら、残念。とても見たかったんですが。

3 あら、残念。1本の映画にしては長すぎます。

解説 女性が電話で映画館に Are you still showing the movie *The Forgotten Desert?*（そちらではまだ「忘れられた砂漠」は上映中ですか？）と問い合わせている。*The Forgotten Desert* は女性が見たいと思っている映画なのだと考えられるので、上映終了を告げられた後の発言として 2 が選べる。

No. 3

◀46

スクリプト

M: Hi, Brenda. Are you OK? You look tired.

W: I am. I didn't sleep very well last night.

M: Oh no! Were you up late studying for exams at the library again?

W: No. Didn't you hear the storm last night? The wind and rain were so loud I didn't fall asleep until about 4 a.m.

Question: Why couldn't the woman sleep last night?

訳

男性：やあ、ブレンダ。大丈夫かい？ 疲れてるようだけど。

女性：そうなのよ。昨夜はあまり寝なかったから。

男性：ええ！ また図書館で遅くまで試験の勉強をしてたの？

女性：いいえ。昨日の夜の嵐の音は聞こえなかったの？ 風と雨の音があまりにもうるさくて、午前4時ごろまで眠れなかったのよ。

質問：女性が昨夜眠れなかったのはなぜか。

正解 1

選択肢の訳

1 天気が悪かった。

2 近所の人が騒いでいた。

3 試験勉強をしなければならなかった。

4 図書館の本を読んでいた。

解説

女性が前の晩によく眠れなかった理由について、男性は彼女が勉強していたからだと考えているが、女性はそれを否定した上で The wind and rain were so loud I didn't fall asleep until about 4 a.m.（風と雨の音があまりにもうるさくて、午前4時ごろまで眠れなかった）と言っている。内容的に一致するのは1だ。

No. 4

◀47

スクリプト **M:** Honey, do you have any ideas for our summer vacation?

W: Why don't we drive to California?

M: That's too far. I can only take four days off. What about going camping by the lake?

W: We did that last fall. I want to do something different.

Question: What are the man and woman talking about?

訳 **男性：**ねえ、夏休みに何するかアイディアはある？

女性：カリフォルニアにドライブしましょうよ？

男性：遠すぎるよ。僕は4日間しか休めないんだ。湖畔でキャンプをするのはどうかなあ？

女性：それは昨年の秋にやったじゃない。私は何か違うことがしたいわ。

質問：男性と女性は何について話しているか。

正解 3

選択肢の訳
1 いつキャンプ用品を買うか。
2 カリフォルニアのどこに滞在するか。
3 この夏何をするか。
4 自分たちの車を売るべきかどうか。

解説 男性が最初に女性にHoney, do you have any ideas for our summer vacation?（ねえ、夏休みに何するかアイディアはある？）と問いかけている。夫婦と思われる2人が一緒にどこで何をすべきか相談していることが分かれば3が選べる。

リスニング 第3部 文の内容一致選択

No. 5

◀48

スクリプト The largest jellyfish in the world is called the lion's mane jellyfish. It lives in parts of the ocean where the water is very cold. The biggest one ever found was around 37 meters long. Because of its size, the lion's mane jellyfish cannot move very fast. It gets food by catching fish and other jellyfish that come close to it.

Question: What is one thing we learn about the lion's mane jellyfish?

訳 世界最大のクラゲは、ライオンのたてがみクラゲと呼ばれるものだ。水温が非常に低い一部の海域に生息している。これまでに発見された最大のものは約37メートルの長さだった。その大きさから、ライオンのたてがみクラゲはあまり速く移動できない。近づいてくる魚や他のクラゲを捕まえることで食べ物を手に入れている。

質問： ライオンのたてがみクラゲについて分かることは何か。

正解 1

選択肢の訳
1 非常に大きくなることがある。
2 非常に素早く動くことができる。
3 冷たい水が嫌いだ。
4 他のクラゲは食べない。

解説 ライオンのたてがみクラゲの特徴として、①水温の低い海域に生息している、②体長が最大で約37メートルだ、③あまり早く動けない、④魚や他のクラゲを食べるという4つが挙げられている。選択肢の中で該当するものは1だけだ。

No. 6

◀49

スクリプト Mr. Williams has a computer, but he finds it difficult to do some things with it. For example, he can send e-mails to his daughter, but he cannot add pictures to them. Mr. Williams wants to learn how to use his computer better, so he will go to a class at the local library tomorrow.

Question: What does Mr. Williams want to do?

訳 ウィリアムズさんはパソコンを持っているが、難しいと感じる作業がある。たとえば、娘さんに電子メールを送信できるが、写真を追加することができない。ウィリアムズさんは自分のパソコンをもっと使いこなす方法を学びたいと思っているので、明日地元の図書館のクラスに行くつもりだ。

質問： ウィリアムズさんは何をしたいのか。

正解 3

選択肢の訳
1 娘にEメールを送る。
2 地元の図書館の写真を撮る。
3 自分のパソコンをもっと使いこなす。
4 パソコンに関する本を借りる。

解説 ウィリアムズさんについて、パソコンを持っているがメールに写真を添付できないなど、うまく使えない機能があることが分かる。そのため、Mr. Williams wants to learn how to use his computer betterと述べられているので、同じ意味の3が正解。

DAY 9
ミニ模試

英作文

今日の課題

- 英作文問題 ………… 1問
- 英作文上達トレーニング
  - ▸トレーニング 1
  - ▸トレーニング 2

[目標解答時間：20 分]

英作文

目標解答時間 ＞ 20 分

- あなたは、外国人の知り合いから以下の QUESTION をされました。
- QUESTION について、あなたの意見とその理由を 2 つ英文で書きなさい。
- 語数の目安は 50 語～ 60 語です。
- 解答が QUESTION に対応していないと判断された場合は、0 点と採点されることがあります。QUESTION をよく読んでから答えてください。

QUESTION

Do you think it is important for students to learn how to give presentations at school?

Day 3 と Day 6 の 2 回の演習を通じて、自分の力で解答する力がついてきたのではないでしょうか。今回で英作文の演習も最後ですから、総仕上げとして時間に余裕を持って解答できることを目指しましょう。そして、「英作文上達トレーニング」への取り組みを通して、答案作成力をさらに磨きましょう。

MEMO

トレーニング 1

いきなり英語で書き始めようとしても行き詰まってしまいます。3 つの Step で着実に解答を作成していきましょう。高評価される解答にするには、問題の指示を確認しながら内容について考え、決まったパターンの英文を書くのが鉄則です。

Step 1 自分の意見を決めよう！

英作文の問題では、必ず「あなたの考え」を書くように指示されます。この問題で問われているのは、質問文に賛成するか反対するかのどちらかです。直感で構いませんので、どちらか 1 つを選びましょう。

QUESTION

Do you think it is important for students to learn how to give presentations at school?

質問の訳

生徒が学校でプレゼンテーションの仕方を学ぶことは重要だと思うか。

Step 2 理由を書き出してみよう！

問題の指示文には、あなたの考えについて「その理由を 2 つ」書くようにとあります。Step 1 で選んだ自分の意見の理由を少し多めに 5 つ挙げてみましょう。この段階では日本語で構いません。

● 質問文に [賛成 / 反対] だ

理由

1

2

3

4

5

Step 2 の記入例

Step 1 で決めた自分の意見について、その理由を 5 つ挙げられましたか？ 質問文に賛成する場合と反対する場合の両方で、選ぶ理由として考えられるものを下に 10 個列挙します。皆さんが考えた理由やそれに近いものを探してみましょう。

● 質問文に賛成だ

理由

1 言いたいことは言葉で発信する必要がある
2 プレゼンは技術だ。だから技術を習得できる
3 言葉を発した人間の意見が通るのは社会の常だ
4 自分の意見を言わないと異文化の人に通じない
5 技術だから性格に関係なく学べる
6 授業で扱えばプレゼンに関心を持つきっかけになる
7 論理的に物事を考える訓練になる
8 資料作成でパソコンの操作方法を学ぶこともできる
9 感情に訴える技術は普段の生活にも役立つ
10 リーダーになりたい人は特にスピーチが重要

● 質問文に反対だ

理由

1 勉強すべき科目が多い今の生徒にとってプレゼンは負担だ
2 型よりも中身を学習する方がはるかに重要だ
3 話が苦手な子に無理強いすべきではない
4 授業でやらなくてもプレゼンを学ぶ機会はある
5 型だけは一人前で、中身のない人間を育ててしまう
6 必要なら大学でやれば良い
7 論理的思考の訓練は文章でやるべき
8 パソコンの使い方も、文書作成方法から学ぶべき
9 感情に訴える技術も、中身を伴わないとかえって有害だ
10 見かけだけできる人間は社会経済にとっても有害だ

Step 3 自分の解答をまとめよう！

最後に、Step 1 と Step 2 で考えた内容を入れながら解答を作ります。1 文ずつ英語で書いていきましょう。それぞれの理由について具体例や補足説明を補いながら 2 文で書く必要があるので、5 つ挙げた中から内容的に書きやすいものを 2 つ選んでください。定型表現も上手く使いながら自分の解答を完成させましょう。

第 1 文 自分の意見

____.

第 2 文 理由 1a

First, ____________________________________.

第 3 文 理由 1b

____.

第 4 文 理由 2a

Second, ___________________________________.

第 3 文 理由 2b

____.

Step 3 の記入例

２つの意見で書かれた解答例を見てみましょう。**Step 2** で挙げられた理由の中から２つを採用して書かれています。シンプルな表現だけでもきちんと解答できるんだ、ということを確認してください。

● 質問文に賛成の場合

解答例１ (理由１と５)

I think that students should learn how to give presentations. First, they need to express their opinion clearly and freely. If they cannot do so, they risk being controlled by the people who raise the voice. Second, how to give presentations is a skill, not an ability. They can learn it regardless of their personality. (55語)

解答例訳

学生はプレゼンテーションの方法を学ぶべきだと思います。第一に、彼らは自分の意見をはっきりと自由に表現する必要があります。もしそれができなければ、彼らは声を上げた人の言いなりになってしまう危険があります。第二に、プレゼンテーションをする方法は技術であり、能力ではありません。生徒は自分の性格に関係なく習得することができます。

● 質問文に反対の場合

解答例２ (理由１と２)

I do not think that students should learn how to give presentations. First, they must study a lot of subjects at school. There is no more time to learn how to give presentations. Second, learning how to give presentations is learning how to express something. What to express is far more important than how to express it. (57語)

解答例訳

学生がプレゼンテーションの方法を学ぶべきだとは思いません。第一に、学校で学ぶべき科目がたくさんあります。もはやプレゼンテーションの仕方を学習する時間はありません。第二に、プレゼンテーションの方法を学ぶことは、物事をどのように表現するかの学習です。何を表現するかの方がそれをどのように表現するかよりもはるかに重要です。

トレーニング 2

トレーニング１では３つのStepで決められたパターンに従って解答を作成してみました。そうすることで「内容」と「構成」の採点基準を満たした解答が出来上がったはずです。ここでは１つ１つの英文を作る訓練をしましょう。左ページの文は Step 2 で列挙した理由に文字数を稼ぐために内容的な肉付けをしたものです。これを見て右ページの英語の文がすぐに書けるようになるまで何度も練習しましょう。POINT では表現や文法に関する要点を説明しましたので、残りの採点基準である「語い」と「文法」についても意識して取り組みましょう。

● 質問文に賛成だ

1 学生は自分の意見をはっきりと自由に表現する必要がある。もしもそのようにできないと、声を上げる人の言いなりになってしまうかもしれない。

2 プレゼンテーションの仕方は技術であって能力ではない。将来役に立つだろう。

3 学生が声を上げれば、人々が聞いてくれるだろう。プレゼンテーション技術はそうするための１つの方法だ。

4 学生が考えていることを明確に表現できないと異文化の人に理解してもらえない。彼らは自分の意見を表現する技術を学ぶ必要がある。

1 Students need to express their opinion clearly and freely. If they cannot do so, they may be controlled by the people who raise the voice.

POINT
need to V「Vする必要がある」。opinion「意見」。raise the voice「声を上げる」。「言いなりになる」は「操られる」と言い換える。

2 How to give presentations is a skill, not an ability. It will be helpful in the future.

POINT
A, not B「AであってBではない」。skill「技術」。ability「能力」。

3 If students raise the voice, people will listen. The presentation skill is one way to do that.

POINT
one way to do that の to do that は不定詞の形容詞的用法で名詞句 one way を修飾している。

4 If students do not express clearly what they think, they cannot be understood by the people from other cultures. They need to learn a skill to express their opinion.

POINT
express「表現する」。a skill to express their opinion の to express their opinion は不定詞の形容詞的用法で名詞句 a skill を修飾している。

5 プレゼンテーションの仕方は技術であって能力ではない。学生たちは自分の性格に関係なく習得できる。

6 授業でプレゼンテーションの仕方を学ぶことは学生がプレゼンテーションに関心を持つきっかけになる。生徒の一部は好きになるかもしれない。

7 プレゼンテーションの準備の仕方を学ぶことを通して学生は論理的に考える方法を学ぶことができる。このことは他の科目にも有益だ。

8 学生はプレゼンテーションの資料作成を通してパソコンの操作方法を学ぶことになる。このことは将来有益な技術になるだろう。

9 プレゼンテーションの技術は学生に他者に訴えかける方法を授ける。彼らの日常生活にも役立つだろう。

10 特に将来リーダーになりたいなら、学生はプレゼンテーションの仕方を学ぶ必要がある。リーダーはスピーチをすることが多い。

5 How to give presentations is a skill, not an ability. Students can learn it regardless of their personality.

POINT **regardless of ～「～とは無関係に」。personality「性格」。**

6 Learning how to give presentations in class is a good chance for students to be interested in presentations. Some of them may like it.

POINT **be interested in ～「～に興味を持っている」。a good chance for students to be interested ... の to be interested は不定詞の形容詞的用法で a good chance を修飾。for students は不定詞の意味上の主語を表している。**

7 Students can learn how to think logically through learning to prepare for a presentation. It will be useful for other subjects.

POINT **logically「論理的に」。prepare for ～「～の準備をする」。through は前置詞なので、直後の動詞は動名詞～ ing になる。**

8 Students will learn how to use a computer through the creation of presentation materials. It will be a useful skill in the future.

POINT **material「素材、材料、資料」。**

9 Presentation skill gives students ways to appeal to others. It will be useful for their everyday life.

POINT **appeal to ～「～に訴えかける」。**

10 If they want to be leaders in the future, students have to learn how to give presentations. Leaders often make speeches.

POINT **make speeches「スピーチをする」。**

● 質問文に反対だ

1 学校でたくさんの科目を勉強しなくてはいけない。もはやプレゼンテーションをする方法を学ぶ時間はない。

2 プレゼンテーションの方法を学ぶことは、物事をどのように表現するかの学習だ。何を表現するかの方がそれをどのように表現するかよりもはるかに重要だ。

3 プレゼンテーションをすることで緊張しすぎる生徒もいる。彼らに無理強いすべきではない。

4 学生がプレゼンテーションの仕方を学びたいなら、弁論部に入ることができる。授業で教える必要はない。

5 表現の知識はあるが何を表現すべきかわからない人は役立たずだ。社会にとって有害になるだろう。

6 学生がその技術を獲得する必要があるなら、大学で学べば良い。学校では学ぶべき科目がたくさんある。

1 Students have to study a lot of subjects at school. There is no more time to learn how to give presentations.

POINT
a lot of ～は「たくさんの～」の意味で、可算名詞と不可算名詞の両方と一緒に使える。time to V「V するための時間」。

2 Learning how to give presentations is learning how to express something. What to express is much more important than how to express it.

POINT
what to V「何を V すべきか」。副詞 much は比較級 more important を強調している。very more important とは言えないので注意。

3 Giving presentations makes some students too nervous. They should not be forced.

POINT
nervous「緊張した」。force O to V「O に V することを強いる」。この文では to V が省略されている。

4 If students want to learn how to give presentations, they can join a debate club. There is no need to teach it in class.

POINT
join「(組織や団体に) 加わる、入会する」。debate club「弁論部」。

5 A person who has the knowledge of expression but does not know what to express is useless. He or she will be harmful for society.

POINT
knowledge「知識」。harmful「有害な」。A person は性別不明なので次の文の主語は He or she となる。

6 If students need to get the skill, they can learn it at university. There are a lot of subjects to study at school.

POINT
need to V「V する必要がある」。a lot of subjects to study の to study は不定詞の形容詞的用法で名詞句 a lot of subjects を修飾している。

7 プレゼンテーションをすることは論理的思考の良い訓練だと言う人たちがいる。しかし、小論文の執筆の方がそれに適している。

8 プレゼンテーション用のスライドの作成がパソコンの使い方を学ぶ良い機会だと言う人たちがいる。しかし、文書作成の方がはるかに重要だ。

9 プレゼンテーション技術は学生に他者へ訴えかける方法を授ける。しかし、訴えることが何もなかったら役に立たない。

10 見かけでは賢くても実際は賢くない人は、役立たずなだけでなく社会にとって有害でもある。そのような人は最初に基礎科目を学習すべきだ。

7 Some say that giving presentations is a good training for logical thinking. However, essay writing is better suited for it.

POINT **logical thinking「論理的思考」。essay「小論文」。be suited for ～「～に適している」。**

8 Some say that making slides for a presentation is a good opportunity to learn how to use computers. However, making documents is far more important.

a good opportunity to learn の to learn は不定詞の形容詞的用法で名詞句 a good opportunity を修飾している。document「文書」。

9 Presentation skill gives students ways to appeal to others. However, it is useless if they do not have anything to appeal.

POINT **appeal to ～「～に訴えかける」。not ... anything「何もない」**

10 A person who just looks smart but is actually not smart is not only useless but also harmful for society. He or she have to study basic subjects first.

POINT **関係代名詞 who ～ smart の部分が先行詞 a person を修飾している。not only A but also B「A だけでなく B も」。**

前置詞使い分けクイズ 1

英検では前置詞と他の単語の組み合わせについての問題がよく出題されます。間違いやすい前置詞の使い分けを問うクイズに挑戦して、得点力アップをはかりましょう。日本語の意味に合うように枠の中から前置詞を1つ選んで下の文の空所に入れてください。

about　at　for　from　in　of　on　with

1 3人が逮捕されたが、誰もその犯罪に関与していなかった。

Three people were arrested, but none of them had been involved _______ the crime.

2 全ての喫煙者は健康リスクを認識すべきだ。

All the smokers should be aware _______ the health risks.

3 部員全員がその部屋を掃除する責任がある。

All the club members are responsible _______ cleaning the room.

4 日本は原材料を輸出品に頼っている。

Japan is dependent _______ imports for its raw materials.

5 マイクは長い距離を歩いたことでまだ疲れを感じている。

Mike still feels tired _______ walking a long distance.

6 ほとんどの親たちが子どもの将来を心配している。

Most parents are anxious _______ the future of their children.

7 外国を旅行する際には地元の慣習をよく知っておくべきだ。

You should be familiar _______ the local customs when traveling abroad.

8 メアリーは週に少なくとも2回は外で夕食を食べる。

Mary eats out for dinner _______ least twice a week.

答え　1 in　2 of　3 for　4 on　5 from　6 about　7 with　8 at

DAY 10
ミニ模試

二次試験

今日の課題

- 二次試験 演習 ① ………………… 1問
- 解答例
  - ▶ 音読練習
  - ▶ 質疑応答の例
- 二次試験 演習 ② ………………… 1問
- 解答例
  - ▶ 音読練習
  - ▶ 質疑応答の例

問題カード

Students and the Internet

Students have many chances to use the Internet in class. For example, they collect information to write reports. However, some of this information is not true. Many students check online information carefully, and by doing so they are able to write better reports. There will probably be more classes about using online information.

A

B

ミニ模試最後の Day 10 では二次試験の演習を 2 回行います。まずは、右ページの指示と質問を聞きながら自分の力で音読と質疑応答に取り組みましょう。次に、234 ページからの解答例を文字と音声の両方で確認してください。そして、音声を繰り返し聞きながら何度も音読して試験本番に備えましょう。

First, please read the passage silently for 20 seconds.
<20 seconds>
All right, please read it aloud.

Now I'll ask you five questions.

No. 1 According to the passage, how are many students able to write better reports?

No. 2 Now, please look at the people in Picture A. They are doing different things. Tell me as much as you can about what they are doing.

No. 3 Now, look at the boy in Picture B. Please describe the situation.

Now, please turn over the card and put it down.

No. 4 Do you think schools should have more sports activities for their students?
Yes. → Why?
No. → Why not?

No. 5 Today, many people take a shopping bag when they go to the supermarket. Do you take your own shopping bag to the supermarket?
Yes. → Please tell me more.
No. → Why not?

演習①解答例

音読練習

音読は何と言ってもネイティブの読み上げ方を何度も繰り返し聞いて、それを自分で真似することが一番です。問題カードの英文を以下に再掲載しますが、区切れる箇所と特に強く読む語句を太字にしてあります。057 ページの手順に従って何度も練習しましょう。

Students and the Internet

51 >>> 55

①**Students** have **many** chances / to use the **Internet** / in **class**. / ②For **example,** / they collect **information** / to write **reports**. / ③**However**, / **some** of this **information** / is **not** true. / ④**Many** students check **online** information **carefully**, / and by doing **so** / they are **able** to write / better **reports**. / ⑤There will **probably** be more **classes** / about **using** online information. /

解説

① Internet のアクセントの位置に注意。日本語と違って第一音節にアクセントがつく。② For example で一呼吸置く。その後は区切りを意識しつつもできるだけ一続きで読み上げる。③ not の発音が「ア」なのか「オ」なのかをよく確認しよう。④ by ~ ing「~することによって」は二次試験の解答例で頻繁に見かける。滑らかに発音できるようにしておこう。⑤文の途中に区切りが 1 つしかないが、強調する単語、特に probably を少し ゆっくり目にすると最後まで滑らかに読み上げやすくなる。

問題カードの訳

学生とインターネット

学生たちは授業でインターネットを利用する機会が多い。例えば、レポートを書くための情報を収集する。しかし、このような情報の一部は真実ではない。多くの学生は、インターネット上の情報を注意深く確認する。そうすることで、より良いレポートを書けるようになる。インターネット上の情報の使い方についての授業もおそらくこれから増えるだろう。

質疑応答の例

音読が終わると面接委員から5つの質問をされます。最初の3つは問題カードを見ながら答えますが、残りの2つではカードを見ないで自分の意見を述べることが求められます。まず、スクリプトで質問の内容や模範的な応答の分量を把握し、解説で解答の仕方を確認しましょう。次に、音声を繰り返し聞いてから、受験者の解答例が滑らかに口をついて出て来るまで音読をしてください。シミュレーションと口慣らしをしておくと自信につながります。

No. 1

56

Examiner: According to the passage, how are many students able to write better reports?

面接委員： パッセージによると、どのようにして多くの生徒はより良いレポートを書けるようになりますか。

Examinee: By checking online information carefully.

受験者： インターネット上の情報を注意深く確認することよってです。

解説

第4文の後半でby doing so they are able to write better reports（そうすることで、より良いレポートを書けるようになる）と書かれている。doing so の内容について同じ文の前半を参照して答える。how「どのように」と問われているので、必ず by ～ ing「～することによって」を使って答えよう。by は前置詞なので「～すること」を続ける場合、不定詞 to V ではなく動名詞 V-ing にする。

A

B

No. 2

◀57

Examiner: Now, please look at the people in Picture A. They are doing different things. Tell me as much as you can about what they are doing.

面接委員：それでは、図Aの人物を見てください。彼らは色々なことをしています。彼らがしていることを、できるだけたくさん私に教えてください。

Examinee: A woman is carrying a chair.
A girl is taking a book from the shelf [putting a book on the shelf].
A girl is opening the curtain.
A boy is using a computer.
A boy is picking up a pen.

受験者：女性が椅子を運んでいます。
少女が棚から本を取り出しています（棚に本を置いています）。
少女がカーテンを開けています。
少年がコンピューターを使っています。
少年がペンを拾おうとしています。

解説

現在進行形（Be動詞 + ～ing）で人物を描写する。SVO、あるいはSVOに「前置詞+名詞」をつなげる程度の簡単な英文で構わない。登場人物は一人一人別々の動作なので主語にはA girlなどのように必ず冠詞のAをつけよう。いくつあるのか数があらかじめ決まっているものはthe shelfやthe curtainのように「the +単数名詞」で表し、それ以外の名詞は単数か複数かの区別をしっかり表そう。

No. 3

◀58

Examiner: Now, look at the boy in Picture B. Please describe the situation.

面接委員: では、図 B の男の子を見てください。場面を描写してください。

Examinee: He dropped his cup [drink / juice], and is thinking of cleaning the floor.

受験者: 彼はコップ（飲み物 / ジュース）を落としました。そして床を掃除しようと考えています。

解説

日本語では「飲み物をこぼす」のような言い方をするが、英語では「コップを落とす」のように表現する。「落とす」の意味の動詞 drop は忘れずに過去形にしよう。未来の動作は、頭の中で考えている内容なので think of ～ ing で表す。日本語的に「床を拭く」ではなく「床を掃除する」と言い換える。

No. 4

◀59

Examiner: Do you think schools should have more sports activities for their students?

面接委員: 学校は生徒のためにスポーツ活動を増やすべきだと思いますか。

Examinee A: A: Yes. → Why?
Playing sports will help keep students healthy. Some students don't have the time to exercise after school.

受験者 A: はい。→どうしてですか。
スポーツをすることは生徒を健康に保つのに役立つからです。放課後に運動する時間がない生徒もいます。

Examinee B: No. → Why not?
Most schools already have a lot of sports activities. Also, some students don't enjoy playing sports.

受験者 B: いいえ。→どうしてですか。
ほとんどの学校では既に多くのスポーツ活動があります。また、スポーツを楽しまない生徒もいます。

解説

質問の前に please turn over the card and put it down（問題カードを裏返して置いてください）という指示があるのでそれに従う。Yes か No か自分の意見を述べたらその理由を 2 文で説明するが、2 つの文の関係にもいくつかのパターンがある。受験者 A の場合、最初の文で述べたことを 2 つ目の文で補足している。受験者 B は、2 つの異なる理由をそれぞれの文で分けて示している。

No. 5

◀60

Examiner: Today, many people take a shopping bag when they go to the supermarket. Do you take your own shopping bag to the supermarket?

面接委員：今日では、多くの人たちがスーパーに行くときに買い物袋を持っていきます。あなたはスーパーに行くときに買い物袋を持っていきますか。

Examinee A: Yes. → Please tell me more.
Using plastic bags is bad for the environment. Also, I can save money by bringing my own bag.

受験者 A：はい。→もう少し話してください。
ビニール袋を使うことは環境に悪いです。また、自分の袋を持っていくことでお金の節約にもなります。

Examinee B: No. → Why not?
Plastic bags are free at the supermarket near my house. Also, I can use these bags for other things.

受験者 B：いいえ。→どうしてですか。
自宅近くのスーパーではビニール袋が無料です。また、この袋を他の用途に使うこともできます。

解説

Yes か No かで答える質問だが、どちらの返答でもさらに説明を求められる。ここでも 2 文で答えるのが良いだろう。上の解答例では受験者 A も B も、2 文で 2 つの理由を示している。なお、日本で言う「ビニール袋」は、英語では plastic bag なので注意する。

前置詞使い分けクイズ 2

英検では前置詞と他の単語の組み合わせについての問題がよく出題されます。間違いやすい前置詞の使い分けを問うクイズに挑戦して、得点力アップをはかりましょう。日本語の意味に合うように枠の中から前置詞を１つ選んで下の文の空所に入れてください。

about　at　for　from　in　of　on　with

1 なぜジェーンが学校を欠席したのか誰も確かにはわからない。

No one knows _______ sure why Jane was absent from school.

2 ケンはスポーツに全く興味がないが、マイクは野球に夢中だ。

Mike is crazy _______ baseball although Ken is not interested in sports at all.

3 年配の人たちはこの病気にかかる危険性がより高い。

Elderly people are more _______ risk of this disease.

4 セーラのエッセーは文法の間違いが全くなかった。

Sarah's essay was completely free _______ grammatical mistakes.

5 私たちは後でより詳しくあなたの提案を確認します。

We will look at your proposal _______ more detail later.

6 多くの 10 代の若者が自分の親から独立したいと思っている。

Many teenagers want to be independent _______ their parents.

7 ジムは私の説明に満足しているようではなかった。

Jim did not look satisfied _______ my explanation.

8 この数週間、メアリーはわざとジョンのことを避けている。

In past few weeks, Mary has been ignoring John _______ purpose.

答え　1 for　2 about　3 at　4 from / of　5 in　6 of　7 with　8 on

問題カード

Helpful Machines

Today at supermarkets, a new kind of machine called a self-checkout machine has become popular. Customers can pay for items by themselves with these machines. More and more supermarkets use self-checkout machines, and by doing so they are helping customers pay quickly. Such services will probably be used at other stores, too.

A

B

2回目の演習です。まずは、右ページの指示と質問を聞きながら自分の力で音読と質疑応答に取り組みましょう。次に、242ページからの解答例を文字と音声の両方で確認してください。そして、音声を繰り返し聞きながら何度も音読して試験本番に備えましょう。

First, please read the passage silently for 20 seconds.
<20 seconds>
All right, please read it aloud.

Now I'll ask you five questions.

No. 1 According to the passage, how are more and more supermarkets helping customers pay quickly?

No. 2 Now, please look at the people in Picture A. They are doing different things. Tell me as much as you can about what they are doing.

No. 3 Now, look at the girl and the boy in Picture B. Please describe the situation

Now, please turn over the card and put it down.

No. 4 Do you think supermarkets should stay open 24 hours a day?
Yes. → Why?
No. → Why not?

No. 5 Today, many people enjoy buying and selling things at flea markets. Do you often go to flea markets to buy things?
Yes. → Please tell me more.
No. → Why not?

演習②解答例

音読練習

音読は何と言ってもネイティブの読み上げ方を何度も繰り返し聞いて、それを自分で真似することが一番です。問題カードの英文を以下に再掲載しますが、区切れる箇所と特に強く読む語句を太字にしてあります。057ページの手順に従って何度も練習しましょう。

Helpful Machines 62 >>> 65

①**Today** / at **supermarkets**, / a **new** kind of **machine** / called a **self-checkout** machine / has become **popular**. / ②**Customers** can pay for **items** / by **themselves** / with these **machines**. / ③**More** and **more** supermarkets / use **self-checkout** machines, / and by **doing** so / they are helping **customers** / pay **quickly**. / ④Such **services** / will **probably** be **used** / at other **stores**, too. /

解説

①コンマで一呼吸置いたら、残る部分は区切りを意識しながらもできるだけ一続きに滑らかに読み上げるようにする。② these machines の these を強く読んでしまいがちなので注意する。③ help O V は「O が V するのを助ける」という意味のまとまったフレーズなので、customers の後はあまり長い間を置かないようにする。④強く読む単語は少しゆっくり目に発音して弱強のリズムをつける。

問題カードの訳

便利な機械

今日のスーパーでは、セルフレジと呼ばれる新しい機械が普及している。買い物客はこうした機械を使って自分で商品の代金を支払うことができる。ますます多くのスーパーがセルフレジを使うようになっており、そうすることで客が素早く支払いできるようになっている。そのようなサービスは、おそらく他の店でも使われるようになるだろう。

質疑応答の例

音読が終わると面接委員から5つの質問をされます。最初の3つは問題カードを見ながら答えますが、残りの2つではカードを見ないで自分の意見を述べることが求められます。まず、スクリプトで質問の内容や模範的な応答の分量を把握し、解説で解答の仕方を確認しましょう。次に、音声を繰り返し聞いてから、受験者の解答例が滑らかに口をついて出て来るまで音読をしてください。シミュレーションと口慣らしをしておくと自信につながります。

No. 1

66

Examiner: According to the passage, how are more and more supermarkets helping customers pay quickly?

面接委員：パッセージによると、ますます多くのスーパーはどのようにして客が素早く支払いをする手助けをしていますか。

Examinee: By using self-checkout machines.

受験者：セルフレジを使うことによってです。

解説

self-chekout machine は直訳すると「自動精算機」だが、日本のスーパーでは「セルフレジ」と言うことが多い。第3文後半で more and more supermarkets について by doing so they are helping customers pay quickly（客が素早く支払いできるようにしている）とあるので、doing so の内容について同じ文の前半を確認する。how「どのように」と問われているので、必ず by ~ ing「~することによって」を使って答えよう。

A

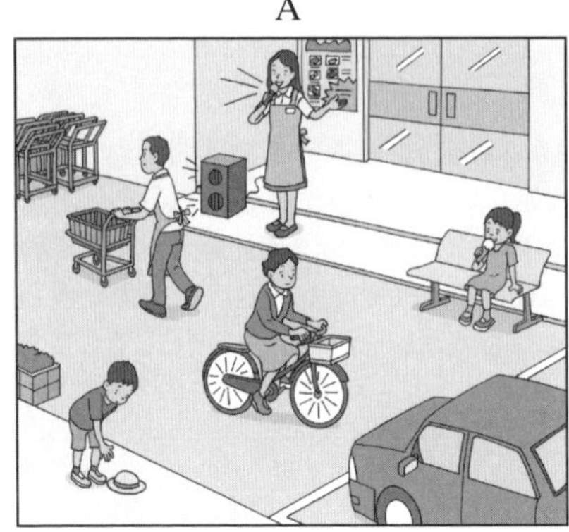

B

No. 2

67

Examiner: Now, please look at the people in Picture A. They are doing different things. Tell me as much as you can about what they are doing.

面接委員: それでは、図Aの人物を見てください。彼らは色々なことをしています。彼らがしていることを、できるだけたくさん私に教えてください。

Examinee: A man is pushing a (shopping) cart.
A boy is picking up his hat.
A woman is riding a bike.
A girl is eating ice cream.
A woman is making an announcement.

受験者: 男性がショッピングカートを押しています。
男の子が帽子を拾おうとしています。
女性が自転車に乗っています。
女の子がアイスクリームを食べています。
女性がアナウンスをしています。

解説

現在進行形（Be 動詞 + ～ ing）で人物を描写する。SVO の文型を中心とした簡単な英文で表現していく。登場人物は一人一人別々の動作なので主語には A girl などのように必ず冠詞の A をつけよう。「アナウンスをする」は make an announcement で、do an announcement とは言わない。また、ice cream は不可算名詞なので an ice cream としないように注意する。

No. 3

◀68

Examiner: Now, look at the girl and the boy in Picture B. Please describe the situation

面接委員： それでは、図Bの女の子と男の子を見てください。場面を描写してください。

Examinee: He can't study because her music is very loud.

受験者： 彼女の音楽がとてもうるさいので、彼は勉強ができません。

解説

登場人物が2人いるのでそれぞれの動作を描写することになるが、1人の動作がもう1人の動作にどのような影響を与えているのかも含めて表現しよう。できるだけシンプルな内容の文になるように心がけること。男の子は勉強したいと思っているができないでいる。それは女の子が大きな音で音楽を聞いているからなので、理由を表す because を使って2人の動作の因果関係を示せば良い。

No. 4

◀69

Examiner: Do you think supermarkets should stay open 24 hours a day?

面接委員： スーパーは24時間営業すべきだと思いますか。

Examinee A: Yes. → Why?
Some people can't go shopping during the day. They have to buy things late at night.

受験者A： はい。→どうしてですか。
日中買い物に行けない人もいます。彼らは夜に買い物する必要があります。

Examinee B: No. → Why not?
There aren't many customers late at night. Also, it costs a lot of money to keep the store open 24 hours a day.

受験者B： いいえ。→どうしてですか。
夜遅くには買い物客が多くいません。また、24時間営業をするには多くの費用が掛かります。

解説

質問の前にplease turn over the card and put it down（問題カードを裏返して置いてください）という指示があるのでそれに従う。Yes か No か自分の意見を述べたらその理由を２文で説明するが、２つの文の関係にもいくつかのパターンがある。受験者 A の場合、最初の文で述べたことを２つ目の文で補足している。受験者 B は、２つの異なる理由をそれぞれの文で分けて示している。

No. 5

◀70

Examiner: Today, many people enjoy buying and selling things at flea markets. Do you often go to flea markets to buy things?

面接委員： 今日では、多くの人々がフリーマーケットで物を売り買いして楽しみます。あなたは頻繁にフリーマーケットで買い物をしますか。

Examinee A: Yes. → Please tell me more.
Things at flea markets are cheaper than in stores. Also, flea markets sell a wide variety of goods.

受験者 A： はい。→もっと話してください。
フリーマーケットで売られているものはお店のものよりも安いです。また、フリーマーケットでは様々な商品が売られています。

Examinee B: No. → Why not?
Flea markets usually don't have the newest goods. Also, it's easier to find the things I want at stores.

受験者 B： いいえ。→どうしてですか。
たいていの場合、フリーマーケットには最新の商品がありません。また、お店の方が自分の欲しいものをより簡単に見付けられます。

解説

Yes か No かで答える質問だが、どちらの返答でもさらに説明を求められる。ここでも２文で答えるのが良いだろう。上の解答例では受験者 A も B も、２文で２つの理由を示している。ちなみに、「フリーマーケット」のフリーは flea で「蚤」の意味。したがって、flea market は「自由市場」ではなく元々「蚤の市」という意味である。

英検準2級
でる単語リスト340

このコーナーでは、ミニ模試の読解問題に登場した頻出単語約 340 語を、各 DAY の各問題、各パラグラフごとにまとめてありますので、総仕上げとして取り組んでください。赤シートを使って意味が言えるようにするのが第一段階です。概ねできるようになったら、該当する DAY の問題文に戻り、英文を何度も読み込みましょう。

DAY 1

筆記試験 2 （→ 065 ページ）

第 1 パラグラフ

- □ abroad 副 海外に
- □ be worried about 熟 ～のことを心配する
- □ could 助 ～できた（can の過去形）
- □ would 助 ～するだろう（will の過去形）
- □ make friends 熟 友達を作る
- □ finally 副 ようやく
- □ decide to V 熟 V することに決める
- □ let 動 ～させる

第 2 パラグラフ

- □ try to V 熟 V しようとする
- □ hard 副 一生懸命に
- □ communicate 動 コミュニケーションをとる
- □ at first 熟 最初は
- □ need to V 熟 V する必要がある
- □ keep V-ing 熟 V し続ける
- □ practice 動 練習する
- □ begin to V 熟 V し始める
- □ anymore 副 もはや
- □ make it C to V 熟 V することを C にする
- □ by the time 熟 ～までに
- □ success 名 成功

筆記試験 3 （→ 066 ページ）

第 1 パラグラフ

- □ how 副 どのような状態で
- □ remember 動 覚えている
- □ have trouble with 熟 ～に苦労する
- □ subject 名 教科
- □ study 動 勉強する
- □ since 接 ～なので

第 2 パラグラフ

- □ by the way 熟 ところで
- □ baker 名 パン屋の職人
- □ own 動 所有する
- □ be going to V 熟 V する予定だ
- □ take part in 熟 ～に参加する
- □ winner 名 勝者、優勝者
- □ national 形 全国の

第 3 パラグラフ

- □ during 前 ～の間に
- □ judge 名 審査員
- □ try 動 試食する
- □ a bit of 熟 少しの
- □ choose 動 選ぶ
- □ at the end 副 最後に
- □ anyone 代 誰でも
- □ cost 動（費用が）かかる
- □ enter 動 入場する
- □ food ticket 名 食べ物券

□ then 副 それから
□ plan to V 熟 V するつもりだ
□ tell 動 伝える
□ if 接 ～かどうか

DAY 2

筆記試験 3 (→ 086 ページ)

第 1 パラグラフ

□ rhinoceros 名 サイ
□ southern 名 南部の
□ in the past 熟 過去に
□ believe 動 信じる
□ power 名 力
□ use 動 使う
□ kill 動 殺す
□ be worried that … 熟 …だと心配する
□ would 助 ～するだろう（will の過去形）
□ die 動 死ぬ
□ however 副 しかし
□ name 動 名付ける
□ save 動 救う

第 2 パラグラフ

□ be born 熟 生まれる
□ love 動 大好きだ
□ although 接 ～だけれども
□ over 前 ～以上
□ along 前 ～に沿って
□ few 形 数少ない
□ wild 形 野生の
□ than 接 ～より
□ see 動 目にする
□ decide to V 熟 V することに決める
□ protect 動 保護する
□ live 動 住む
□ later 副 後で
□ start V-ing 熟 V し始める
□ call 動 呼ぶ
□ game reserve 名 動物保護区
□ look after 熟 ～の世話をする

第 3 パラグラフ

□ set up 熟 設立する
□ be left 熟 残される
□ arrive 動 到着する
□ there + be 熟 ～がある、いる
□ only 副 たった
□ still 副 それでも
□ with 前 ～と一緒に
□ around the world 熟 世界中の
□ thanks to 熟 ～のおかげで
□ hard work 名 大変な努力
□ the number of 熟 ～の数
□ go up 熟 増える
□ some 代 一部
□ return 動 戻す

第 4 パラグラフ

- □ local 形 地元の
- □ other 形 他の
- □ lose 動 失う
- □ show 動 示す
- □ save 動 保護する
- □ help 動 役に立つ
- □ human 名 人間
- □ encourage 動 勧める
- □ tourist 名 観光客
- □ as a result 熟 その結果
- □ more and more 熟 ますます多くの
- □ begin to V 熟 V し始める
- □ help ~ V 熟 ~がVするのに役立つ
- □ value 名 価値

DAY 4

筆記試験 2 (→ 121 ページ)

第 1 パラグラフ

- □ online 形 オンラインの
- □ mapmaking 名 地図作成
- □ most 形 ほとんどの
- □ find 動 見つける
- □ want to V 熟 V したいと思う
- □ need 動 必要とする
- □ each 形 それぞれの
- □ have to V 熟 V しなければならない
- □ which 代 どの
- □ take 動 (乗り物などを) 利用する
- □ invent 動 発明する
- □ be able to V 熟 V することができる
- □ travel 動 旅行する
- □ become 動 ~になる
- □ look up 熟 調べる
- □ anywhere 副 どこでも

第 2 パラグラフ

- □ show 動 示す
- □ information 名 情報
- □ website 名 ウェブサイト
- □ begin to V 熟 V するようになる
- □ let 動 ~させる
- □ add 動 加える
- □ extra 形 追加の
- □ where 副 どこに
- □ all 形 全ての
- □ public toilet 名 公衆トイレ
- □ thing 名 物事

第 3 パラグラフ

- □ nowadays 副 今日では
- □ anybody 代 誰でも
- □ place 名 場所
- □ detail 名 詳細
- □ review 名 レビュー
- □ smartphone 名 スマートフォン
- □ create 動 作る

- □ own 形 自分自身の
- □ trend 名 傾向
- □ may 助 ～かもしれない
- □ wrong 形 間違った
- □ opening hours 名 営業時間
- □ lie 名 うそ
- □ should 助 ～すべきだ
- □ professional 形 プロの
- □ mapmaker 名 地図製作者

筆記試験 3 （→ 123 ページ）

第 1 パラグラフ

- □ career day 名 職業紹介デー
- □ enjoy V-ing 熟 V するのを楽しむ
- □ grandma 名 おばあちゃん
- □ dinner 名 夕食
- □ great 形 素晴らしい
- □ bring 動 持ってくる
- □ delicious 形 おいしい
- □ want ～ to V 熟 ～に V してほしいと思う
- □ show 動 見せる
- □ how to V 熟 V するやり方
- □ someday 副 いつか

第 2 パラグラフ

- □ anyway 副 ところで、ともかく
- □ ask ～ for a favor 熟 ～にお願いをする
- □ be going to V 熟 V する予定になっている
- □ have 動 （行事を）催す
- □ invite 動 招待する
- □ different 形 異なる
- □ job 名 仕事
- □ nurse 名 看護師
- □ ask if 熟 ～かどうか尋ねる
- □ tell A about B 熟 A に B について話す

第 3 パラグラフ

- □ right 副 ですよね
- □ Would you like to V ? 熟 V していただけますか
- □ hold 動 催す
- □ school gym 名 体育館
- □ February 名 2 月
- □ go around 熟 回る
- □ for example 熟 例えば
- □ college 名 大学
- □ hospital 名 病院
- □ let ～ know 熟 ～に知らせる
- □ help 動 手伝う
- □ niece 名 姪

DAY 5

筆記試験 3 （→ 142 ページ）

第 1 パラグラフ

- □ history 名 歴史
- □ doll 名 人形
- □ Russia 名 ロシア
- □ set 名 組、セット
- □ each 形 それぞれの
- □ usually 副 たいていは
- □ around 副 〜ぐらい
- □ inside 前 〜の中に
- □ another 形 別の
- □ also 副 〜も
- □ except for 熟 〜を除いて
- □ fit 動 収まる
- □ one 代 もの
- □ famous 形 有名な
- □ part 名 一部
- □ Russian 形 ロシアの
- □ culture 名 文化
- □ however 副 しかしながら
- □ come from 熟 〜に由来する
- □ outside of 熟 〜外側に

第 2 パラグラフ

- □ nearly 副 ほぼ
- □ make 動 作る
- □ wood 名 木材
- □ each other 熟 お互いに
- □ keep 動 保管する
- □ item 名 品物
- □ as 前 〜として
- □ decoration 名 装飾品
- □ century 名 世紀
- □ be made into 熟 〜に作りかえる
- □ nesting doll 名 入れ子人形
- □ popular 形 人気がある
- □ wealthy 形 裕福な
- □ at that time 熟 当時
- □ trade 動 売買する
- □ probably 副 おそらく
- □ bring 動 もたらす
- □ sell 動 売る

第 3 パラグラフ

- □ already 副 すでに
- □ traditional 形 伝統的な
- □ doll maker 名 人形作家
- □ technique 名 技術
- □ begin to V 熟 V し始める
- □ paint 動 塗る
- □ like 前 〜のように
- □ the seven lucky gods 名 七福神

第 4 パラグラフ

- □ receive 動 受け取る
- □ way 名 方法
- □ share 動 共有する
- □ ask 〜 to V 熟 〜にVするように頼む
- □ design 動 デザインする

- □ similar 形 似ている
- □ want ~ to V 熟 ~にVしてほしいと思う
- □ wear 動 着る
- □ clothing 名 服
- □ This is how … 熟 このようにして…
- □ first 形 最初の

DAY 7

筆記試験 2 (→ 177 ページ)

第 1 パラグラフ

- □ through 前 ~を通り抜けて
- □ toy store 名 おもちゃ屋
- □ notice 動 気づく
- □ section 名 区域
- □ be filled with 熟 ~であふれている
- □ stuffed animal 名 ぬいぐるみ
- □ building block 名 積み木
- □ tell ~ to V 熟 ~にVするように言う
- □ should 助 ~すべきだ
- □ choose 動 選ぶ

第 2 パラグラフ

- □ recently 副 最近
- □ begin 動 始める
- □ worry about 熟 ~について心配する
- □ help ~ V 熟 ~がVするのに役立つ
- □ when 接 ~する時
- □ learn to V 熟 Vするようになる
- □ take care of 熟 ~の世話をする
- □ kind 形 親切な
- □ on the other hand 熟 一方で
- □ interested in 熟 ~に興味を持っている
- □ both A and B 副 AもBも両方とも
- □ daughter 名 娘
- □ therefore 副 したがって

第 3 パラグラフ

- □ concern 名 懸念
- □ the United States 名 アメリカ合衆国
- □ chain store 名 チェーン店
- □ separate 動 分ける
- □ catalog 名 カタログ
- □ show 動 示す
- □ this is because … 熟 こういうわけで…
- □ believe 動 信じる
- □ better 形 より良い(good の比較級)

筆記試験 3 (→ 179 ページ)

第 1 パラグラフ

- □ Guess what ! 熟 ちょっと聞いてよ!
- □ win 動 手に入れる
- □ classical music 名 クラシック音楽
- □ even 副 ~まで

第 2 パラグラフ

- □ try to V　熟 V しようと試みる
- □ decide　動 決める
- □ what to V　熟 何を V すべきか
- □ wear　動 着る
- □ these days　熟 近頃では
- □ dress up　熟 正装する
- □ in　前 ～を身につけて
- □ would like to V　熟 V したいと願う
- □ comfortable　形 快適な

第 3 パラグラフ

- □ nearby　副 近くに
- □ could　助 ～することもできるだろう
- □ if you like　熟 良かったら
- □ give ～ a call　熟 ～に電話をする
- □ if not　熟 もしそうでないなら
- □ have to V　熟 V しなければならない
- □ someone　代 誰か
- □ else　形 他に

DAY 8

筆記試験 3 (→ 198 ページ)

第 1 パラグラフ

- □ the Pacific Ocean　名 太平洋
- □ around　前 ～の周囲で
- □ the Philippines　名 フィリピン
- □ known as　熟 ～として知られる
- □ in the past　熟 過去に
- □ land　名 陸
- □ instead　副 その代わりに
- □ whole　形 全体の
- □ life　名 人生
- □ ocean　名 海
- □ wooden　形 木の
- □ pole　名 棒

第 2 パラグラフ

- □ dive　動 潜る
- □ hunt　動 獲る
- □ collect　動 採る
- □ seaweed　名 海藻
- □ extra　形 余分の
- □ household good　名 生活必需品
- □ oyster　名 真珠貝
- □ so that　熟 ～するために
- □ pearl　名 真珠
- □ price　名 価格

第 3 パラグラフ

- □ recent　形 最近の
- □ language　名 言語
- □ may　助 ～かもしれない
- □ nobody　代 誰も～ない

- □ **sure** 形 確かな
- □ **why** 副 なぜ
- □ **originally** 副 もとは
- □ **according to** 熟 ～によると
- □ **princess** 名 王女
- □ **get lost** 熟 行方不明になる
- □ **during** 前 ～の間に
- □ **storm** 名 嵐
- □ **must** 助 ～しなければならない
- □ **search for** 熟 ～を捜す
- □ **until** 前 ～まで
- □ **never** 副 決して～ない
- □ **forever** 副 永遠に

第4パラグラフ

- □ **although** 接 ～だけれども
- □ **way** 名 方法
- □ **reason** 名 理由
- □ **damage** 名 被害
- □ **environment** 名 環境
- □ **number** 名 数
- □ **decrease** 動 減少する
- □ **as a result** 熟 結果として
- □ **enough** 形 十分な
- □ **have to V** 熟 Vしなければならない
- □ **look for** 熟 探す
- □ **other** 形 他の
- □ **protect** 動 保護する
- □ **unique** 形 独特の

監修者紹介

山田広之（やまだ・ひろゆき）

神奈川県出身。英国エディンバラ大学での交換留学を経て、国際基督教大学教養学部を卒業。英国リーズ大学大学院に進学し、社会美術史専攻で修士号を取得。2004 年よりトフルゼミナール講師として基礎英語から大学入試、TOEFL 対策までさまざまな授業を担当。監修に『TOEFL テスト速読速聴トレーニング［英検 2 級レベル］』『TOEFL テスト速読速聴トレーニング［英検準 2 級レベル］』『はじめて受ける TOEFL ITP テスト教本』『TOEFL ITP テストリーディング教本』『TOEFL ITP テストリスニング教本』『毎日ミニ模試英検 1 級』『毎日ミニ模試英検準 1 級』、共著書に『パーフェクト攻略 IELTS 総合対策』（全てテイエス企画）がある。

執筆協力：　小沢芳、谷合瑞輝、田母神理
編集協力：　高橋清貴
デザイン・DTP：　清水裕久（Pesco Paint）
DTP：　有限会社中央制作社
イラスト：　松本麻希
録音・編集：　株式会社ルーキー
ナレーター：　Howard Colefield ／ Jennifer Okano

毎日ミニ模試 英検®準 2 級

発行　2021 年 3 月 20 日　第 1 刷

監修者　山田広之
発行者　山内哲夫
企画・編集　トフルゼミナール英語教育研究所
発行所　テイエス企画株式会社
〒 169-0075
東京都新宿区高田馬場 1-30-5 千寿ビル 6F
TEL　(03) 3207-7590
E-mail　books@tseminar.co.jp
URL　https://www.tofl.jp/books
印刷・製本　図書印刷株式会社

ISBN978-4-88784-257-1　Printed in Japan